Auftrag und Risiko
Zum Freiheitsbegriff im Denken von Joseph Ratzinger

Monographische Beiträge zu den
Mitteilungen. Institut Papst Benedikt XVI.

Herausgegeben von
Rudolf Voderholzer · Christian Schaller · Franz-Xaver Heibl

Band 2

María Esther Gómez de Pedro

Auftrag und Risiko

Zum Freiheitsbegriff im Denken von Joseph Ratzinger

SCHNELL + STEINER

Bibliografische Information der Deutschen Nationalbibliothek
Die Deutsche Nationalbibliothek verzeichnet diese Publikation in der Deutschen Nationalbibliografie; detaillierte bibliografische Daten sind im Internet über http://dnb.dnb.de abrufbar.

1. Auflage 2015
© 2015 Verlag Schnell & Steiner GmbH,
Leibnizstraße 13, 93055 Regensburg
Layout und Druck: Erhardi Druck GmbH, Regensburg
ISBN 978-3-7954-2971-3

Alle Rechte vorbehalten. Ohne ausdrückliche Genehmigung des Verlags ist es nicht gestattet, dieses Buch oder Teile daraus auf fototechnischem oder elektronischem Weg zu vervielfältigen.

Weitere Informationen zum Verlagsprogramm erhalten Sie unter:
www.schnell-und-steiner.de

Inhaltsverzeichnis

1 Einführung

Seitdem Sokrates seine Aufmerksamkeit primär der Frage nach dem Menschen zuwandte, hat diese Frage Generationen von Denkern beschäftigt. Natürlich lässt sie sich von ganz verschiedenen oder sogar gegensätzlichen Perspektiven her beleuchten. Jeder freilich, der sie sich stellt, aus welchem Blickwinkel auch immer, geht dabei zunächst von seiner eigenen Wirklichkeit aus, das heißt, vom konkreten Menschen, der denkt und nach sich selbst und seinem Leben oder Leiden fragt; erst von dort her wird er diese Frage auf das Universale des Menschen hin ausweiten. Eine solche Universalisierung des Denkens ist für die Philosophie kennzeichnend, weil sie dem Wesen menschlichen Erkennens entspricht. Um die Wirklichkeit zu erkennen, nehmen wir konkret existierende Gegenstände zum Ausgangspunkt für die Erkenntnis des Allgemeinen, des Universalen. Dies wird auch die Absicht bzw. das Programm der folgenden Überlegungen sein.

Die eben skizzierten Thesen bauen auf gewissen Voraussetzungen auf, welche zugleich die Basis für unsere Analyse bilden werden. Erstens: Jedes Seiende existiert aufgrund eines inneren Wesens oder einer Natur, die jenseits seines konkreten Daseins als Individuum besteht und dessen Sein bestimmt und gestaltet. Zweitens: Es ist unserem Erkenntnisvermögen, wenn auch nicht immer in gleicher Tiefe und Exaktheit, so doch grundsätzlich möglich, diese Natur zu erreichen, auf die hin, weil sie intelligibel ist[1], unser Erkenntnisvermögen gerichtet ist; denn „[d]er Mensch kann sich nicht damit abfinden, für das Wesentliche ein Blindgeborener zu sein und zu bleiben“.[2] Beide Vorstellungen haben Konsequenzen fur unser Leben: „Wenn man nämlich die Frage nach der Wahrheit fallen lässt sowie die konkrete Möglichkeit für jeden Menschen, sie erreichen zu können, wird das Leben am Ende auf eine Reihe von Hypothesen ohne sichere Bezugspunkte reduziert“.[3]

Gewiss setzt jede ernsthafte philosophische Überlegung und Rede diese beiden Aussagen voraus, ja noch mehr – ihre Verneinung wäre der absolute Verzicht auf die Sprache selbst, die beansprucht, die Dinge nicht nur zu ‚benennen‘, sondern die Wirklichkeit auch in gewisser Weise zu ‚besitzen‘, indem sie etwas Wahres, das der Wirklichkeit entspricht, über diese aussagt, ohne den falschen subjektivistischen

1 Joseph Ratzinger spricht von der „gedanklichen Struktur des Seins, das aus Sinn und aus Verstehen kommt“ (Einführung in das Christentum: Vorlesungen über das Apostolische Glaubensbekenntnis, München: 2000, 140; JRGS 4, 149).

2 Joseph Ratzinger, Das Christentum – die wahre Religion?, in: ders., Glaube, Wahrheit, Toleranz: Das Christentum und die Weltreligionen, Freiburg i. Brsg.: [2]2003, 133.

3 Benedikt XVI., Ansprache beim Besuch der Päpstlichen Lateranuniversität anlässlich des Beginns des Akademischen Jahres, 21. Oktober 2006.

Anspruch, sie im Akt des Benennens erst zu erschaffen. Es ist offenbar so, dass die Sprache ohne einen gewissen Anspruch auf Wahrheit nicht verstanden werden kann. Selbst für denjenigen, der die Existenz der Wahrheit oder ihre Erkenntnis verneint,[4] hat seine Rede Wahrheitsanspruch.[5]

Von diesem Ausgangspunkt her betrachtet, scheint in Joseph Ratzingers Werk ein besonders tragfähiger Ansatz zu liegen, um die Fragen über und nach dem Menschen zu beantworten. Dabei verbleibt Ratzinger freilich nicht nur im spezifisch philosophischen Bereich. Seine Reflexionen bewegen sich immer, je nach Textart und Publikum, auf philosophischer, theologischer und historischer Ebene zugleich. Könnte ein von seinem Glauben überzeugter katholischer Theologe auf wesentliche und gleichzeitig existenzielle Fragen antworten, ohne die von Gott selbst gegebene Antwort, den fleischgewordenen Logos, zu erwähnen, jenen Logos, der durch die Theologie rational erklärbar wird? Gewiss nicht, wenn er von der Wahrheit des Logos und der intellektuellen und existenziellen Kraft, die diese Wahrheit in sich trägt, wirklich überzeugt ist. Als Denker, der die Philosophie schätzt, benutzt Ratzinger nicht nur Begriffe, die philosophisch verankert sind, sondern begründet durch rationale Überlegungen, die den Glauben bestärken und die Rationalität des christlichen Credo zeigen, seine theologische Argumentation. Auf diese Weise ist es ihm möglich, Brücken zu den Wahrheitssuchenden aller Zeiten zu schlagen und mit ihnen in Dialog zu treten, auch wenn diese die Prämissen des katholischen Glaubens nicht teilen.[6]

Unter den zahllosen wichtigen anthropologischen Fragen können wir hier nur auf eine einzige zu sprechen kommen: die Frage nach der Freiheit bei Ratzinger. Das Problem der Freiheit ist für ihn derart zentral, dass er an einer Stelle bemerkt, man könne den christlichen Glauben in höchstem Maße als eine „Philosophie der Freiheit" bezeichnen.[7] Ferner hat er in einer Reihe von Schriften den Begriff „Ontologie der Freiheit"[8] geprägt, der ein rechtes Verständnis der christologischen Glaubenslehre ermögliche und auf das wahre Wesen der Freiheit verweise. Im Folgenden möchte ich den Leser einladen, in das Wesen der Freiheit – eines so bedeutenden Elementes menschlicher Lebenserfahrung – ein wenig näher einzutreten.

---

4 Ratzinger wendet sich im Kapitel „Die Wörter, das Wort und die Wahrheit" seines Beitrages „Glaube, Wahrheit und Kultur – Reflexionen im Anschluss an die Enzyklika Fides et Ratio" implizit gegen eine solche Haltung, etwa wenn er schreibt: „Anachronistisch ist die Zuversicht, Wahrheit zu suchen und zu finden, nie: Sie ist gerade das, was den Menschen in seiner Würde erhält, die Partikularismen aufbricht und Menschen über Kulturgrenzen hinaus von ihrer gemeinsamen Würde her zueinander führt" (in: Joseph Ratzinger, Glaube, Wahrheit, Toleranz: Das Christentum und die Weltreligionen, Freiburg i. Brsg.: [2]2003, 155f.).

5 Vgl. ebd., 153: „Der Mensch ist nicht im Spiegelkabinett der Interpretationen gefangen; er kann und muss den Durchbruch zum Wirklichen suchen, das hinter den Wörtern steht und sich ihm in den Wörtern und durch sie zeigt."

6 In diesem Sinn kann ich Magnus Striet nicht zustimmen, der in seinem Artikel „Joseph Ratzinger/Benedikt XVI. und die Moderne" (in: Exkommunikation oder Kommunikation? Der Weg der Kirche nach dem II. Vatikanum und die Pius-Brüder, hg. v. Peter Hünermann, Freiburg i. Brsg.: 2009, 175-205) die Fähigkeit Ratzingers, in Dialog mit der modernen Zeit zu treten, in Frage stellt. Für Striet nimmt Ratzinger die Thesen Kants nicht ernst genug oder rechtfertigt seine anti-kantianische Position nicht ausreichend.

7 Einführung in das Christentum, 145; JRGS 4, 153.

8 Vgl. Joseph Ratzinger, Schauen auf den Durchbohrten: Versuche zu einer spirituellen Christologie, Einsiedeln: [2]1990, 78; vgl. auch ders., Communio: Eucharistie – Gemeinschaft – Sendung, in: Weggemeinschaft des Glaubens: Kirche als Communio, Augsburg: 2002, 71; JRGS 8, 325.

1.1 Prolegomena: Methodische Grundlinien im Denken Joseph Ratzingers

Die Frage nach der Freiheit ist tatsächlich eines der grundlegenden Probleme, mit dem der Mensch sich immer beschäftigt hat, und sie hat den Vorteil, dass sich an sie viele weitere zentrale anthropologische Themen anschließen, die uns während der Beschäftigung mit ihr vor Augen treten. Die Untersuchung des Themas der Freiheit bei Ratzinger wird es uns ermöglichen, uns seiner Anthropologie und seiner Beschreibung der in den letzten Jahrzehnten herrschenden anthropologischen Strömungen – wenigstens skizzenhaft – anzunähern. Erst von dieser Warte aus können wir beurteilen, ob sein Verständnis der Freiheit dem entspricht, was den heutigen Menschen an sich ausmacht.

Bevor wir darzulegen und zu prüfen beginnen, was die Freiheit für Ratzinger ist, erscheint es ratsam, hier die wichtigsten theoretischen Grundlagen, auf die er seine Reflexion über die Freiheit stützt, zu umreißen sowie einige Überlegungen über die für ihn typische Methode anzustellen.[9] Zunächst gilt es zu bedenken, dass Ratzinger seine Ausbildung als Theologe im Deutschland der Nachkriegszeit erhielt, zu einem Zeitpunkt, als alle Wissenschaften, sowohl in methodischer als auch in inhaltlicher Hinsicht, eine Erneuerung erfuhren. Auch die Theologie war von dieser Bewegung nicht ausgenommen. In den Hörsälen der Universitäten und in den Priesterseminaren wehte ein frischer Wind, der eine müde gewordene liberale Theologie überwand und den Blick wieder neu auf die Quellen, auf das Ursprüngliche, richtete. Im Mittelpunkt standen nun vor allem die Heilige Schrift und der Reichtum der christlichen Überlieferung, besonders die Schriften der Kirchenväter, freilich auf dem Hintergrund der neuen Erkenntnisse und Leistungen der historisch-kritischen Methode. Als geistlicher und theologischer Meister trat besonders der hl. Augustinus hervor, dessen Schriften beim jungen Ratzinger einen bleibenden Eindruck hinterließen und mit dessen Gestalt und existenziellem Denken er sich identifizierte.[10] Unter den Theologen des Mittelalters folgte Ratzinger den Einsichten Bonaventuras, denen er

9 Zur Vertiefung vgl. vor allem Joseph Ratzinger, Aus meinem Leben: Erinnerungen, München: 1998, ders., Salz der Erde/Gott und die Welt: Gespräche mit Peter Seewald, München: 2006 sowie Pedro Blanco, Joseph Ratzinger: Razón y cristianismo, Madrid: 2005.

10 „Faszinierend war für mich vor allem die große Menschlichkeit des hl. Augustinus, der ja nicht die Möglichkeit hatte, sich einfach mit der Kirche zu identifizieren, weil er von Anfang an Katechumene gewesen wäre, sondern geistig kämpfen musste, um allmählich den Zugang zum Wort Gottes, zum Leben mit Gott zu finden, bis hin zum großen Ja, das er zu seiner Kirche gesprochen hat. Dieser so menschliche Weg, an dem wir auch heute sehen können, wie man beginnt, mit Gott in Kontakt zu treten, wie alle Widerstände unserer Natur ernst genommen werden und dann auch in die rechte Bahn geleitet werden müssen, um zu dem großen Ja zum Herrn zu gelangen. So hat mich seine sehr persönliche, vor allem in seinen Predigten entwikkelte Theologie eingenommen. Das ist wichtig, weil Augustinus anfangs ein rein kontemplatives Leben führen, andere philosophische Bücher schreiben wollte [...], aber der Herr hat das nicht gewollt, er hat ihn zum Priester und Bischof gemacht, und so hat sich sein ganzes übriges Leben, sein Werk im Grunde genommen im Dialog mit einem ganz einfachen Volk entwickelt. Er musste einerseits immer persönlich die Bedeutung der Schrift finden und andererseits der Aufnahmefähigkeit dieser Leute, ihrem Lebensumfeld, Rechnung tragen und zu einem realistischen und gleichzeitig sehr tiefen Christentum gelangen" (Benedikt XVI., Ansprache beim Besuch des Römischen Priesterseminars anlässlich des Festes der „Gottesmutter vom Vertrauen", 17. Februar 2007).

innerlich näher stand als dem Denken Thomas von Aquins und denen er sich später in seiner Habilitationsschrift zuwenden sollte.[11]

Auch die Philosophie erfuhr zur damaligen Zeit durch die Ansätze der Phänomenologie[12] und des Personalismus eine gewisse Entfremdung von der idealistisch geprägten Tradition des Post-Kantianismus. Das Wort Husserls von der Rückkehr „zu den Sachen selbst" ließe sich gewissermaßen in einer etwas abgewandelten Formulierung auch auf Joseph Ratzinger als Denker anwenden: Es geht ihm um eine Rückkehr „zum Wesen des Glaubens selbst". „Das Kennzeichen des Menschen als Menschen ist", so Ratzinger, „dass er sich der Stimme der Wahrheit und ihres Anspruchs öffnet".[13] Die Liebe zur Philosophie und zur Wahrheit hat ihn, wie sich im Folgenden noch zeigen wird, stets bei dem Versuch geleitet, zu einer Synthese der Wissenschaften zu gelangen, in der die Vernunft ihre eigenen Grenzen überschreitet und auf diese Weise von ihren Irrtümern gereinigt wird.[14] Daneben übten das Werk Romano Guardinis und die liturgische Bewegung besonderen Einfluss auf Ratzinger aus, dazu Joseph Pieper und Theodor Häcker. Guardinis Leben und Denken entwickelte sich für ihn zu einer nie versiegenden Quelle der Inspiration. Besonders faszinierte ihn die Lebendigkeit, mit der Guardini den Glauben darlegte, seine ehrliche Suche nach dem Wesen der Dinge und nach der Wahrheit, sein Eifer bei der Aufgabe, den neuen Generationen die Schönheit Christi zu erschließen, sowie seine Liebe zur Liturgie als Mittelpunkt des kirchlichen Lebens.[15] Natürlich kannte Ratzinger auch die Philosophie des Existenzialismus, sowohl von dessen atheistischen wie dessen christlichen Vertretern, und nahm ihre wichtigsten Überlegungen in sein Denken auf. Ferner hatte der Personalismus starken Eindruck auf ihn gemacht, besonders wegen seiner inneren Beziehung zu Augustinus und zu Ratzingers eigenen persönlichen Interessen und Einsichten.[16] Dieser letztgenannte Einflussfaktor wird besonders im Zusammenhang mit der anthropologischen Grundlegung des Problems der Freiheit bei Ratzinger deutlich erkennbar sein: Für ihn ist der Mensch zuallererst Person, die aus einer Liebesbeziehung stammt und nach wahren Liebesbe-

---

11 Die Schrift ist als Band 2 der Gesammelten Schriften mittlerweile ungekürzt im Druck erschienen unter dem Titel Offenbarungsverständnis und Geschichtstheologie Bonaventuras, in: JRGS 2, 53-662.

12 „Der Durchbruch aus der Perspektive Kants, der sich zunächst bei Edmund Husserl vollzogen hat, hatte sich inzwischen in der Tat zu einem Wiederbeginn metaphysischen Denkens ausgeweitet, in dessen Kontext die Konversion Max Schelers zu verstehen ist. Wenn man etwa den Briefwechsel zwischen Edith Stein und Hedwig Conrad-Martius liest, kann man sehen, wie sich in der phänomenologischen Schule und damit bei den damals lebendigsten philosophischen Kräften das Gefühl einer großen Wende ausdrückte, der Optimismus, dass nun Philosophie als Frage nach den Sachen selbst einen neuen Anfang nehme" (Joseph Ratzinger, Von der Liturgie zur Christologie: Romano Guardinis theologischer Grundsatz und seine Aussagekraft, in: ders., Grundsatz-Reden aus fünf Jahrzehnten, Regensburg: 2005, 192f.; JRGS 6, 731f.).

13 Joseph Ratzinger, Gewissen und Wahrheit, in: Wahrheit, Werte, Macht: Prüfsteine der pluralistischen Gesellschaft, Freiburg i. Brsg.: [2]1994, 48; JRGS 4, 709.

14 Vgl. Benedikt XVI., Ansprache beim Besuch des Römischen Priesterseminars, 17. Februar 2007.

15 Vgl. Von der Liturgie zur Christologie.

16 „Die Begegnung mit dem Personalismus, die wir dann bei dem großen jüdischen Denker Martin Buber mit neuer Überzeugungskraft durchgeführt fanden, ist für mich zu einem wesentlich prägenden geistigen Erlebnis geworden, wobei sich mir dieser Personalismus wie von selbst mit dem Denken Augustins verband, das mir in den *Bekenntnissen* mit seiner ganzen menschlichen Leidenschaft und Tiefe begegnete" (Aus meinem Leben, 49).

ziehungen strebt; jeder Mensch ‚braucht' den anderen, um wahrhaft er selbst zu werden.[17] Gerade Martin Buber und Ferdinand Ebner wurden daher in späterer Zeit durch ihre Schriften besonders prägend für Ratzinger.

Eine Betrachtung von Joseph Ratzingers theologischem Wirken kommt nicht umhin, auf die zentrale Rolle zu verweisen, die das Zweite Vatikanische Konzil in seinem Denken spielte und immer noch spielt, einerseits als kirchliches Ereignis von großer Tragweite, andererseits aber auch als lehramtliche Quelle, die einen großen Schatz von dogmatischen und anthropologischen Einsichten in sich birgt. Nicht nur hatte er auf dem Vatikanum selbst mitgearbeitet, zunächst als Berater, später als „Peritus" (theologischer Experte), sondern seine oftmalige Bezugnahme auf die Dokumente des Konzils lässt auch seine tiefe innere Übereinstimmung mit dem Geist des Konzils deutlich werden. Für die Zwecke der vorliegenden Analyse mag es genügen, die anthropologischen Grundlagen der Konzilsdokumente in ihren wesentlichen Zügen zu umreißen. Die Texte des Zweiten Vatikanums stehen in der Kontinuität der gesamten kirchlichen Tradition und sind durchdrungen von einem ausgeprägten Personalismus, dessen Wurzeln in der Trinitätslehre liegen; in dieser Form stellen sie gewissermaßen die anthropologische Basis für Ratzingers Verständnis der Freiheit dar.[18]

Von seinen ersten Jahren an macht Ratzinger die Verteidigung der Wahrheit zum Schwerpunkt seiner Arbeit und auf ihren Dienst hin richtet er alle seine menschlichen und intellektuellen Fähigkeiten aus.[19] Zu diesem Zweck greift er alle wahren Einsichten aus den verschiedensten Bereichen und Autoren auf – weshalb sich in seinen Schriften nicht selten Hinweise auf neue Erkenntnisse der Physik oder anderer Naturwissenschaften finden. Er bedient sich selbstverständlich der traditionellen Logik, besonders ihrer Methode der *reductio ad absurdum*. Dank seiner scharfsinnigen Fähigkeit, das Wesentliche zu erfassen, gelingt es Ratzinger, den Wesenskern einer jeden Theorie herauszufiltern und sie mit ihrer Gegenthese zu konfrontieren. Davon ausgehend zieht er Schlüsse und stellt Folgerungen an, bis er einen Punkt erreicht, an dem eine der entgegengesetzten Theorien in die Aporie

17 Vgl. etwa Joseph Ratzinger, Auf Christus schauen: Einübung in Glaube, Hoffnung, Liebe, Freiburg i. Brsg.: 1989, 39; JRGS 4, 428: „Das Ich ist in seinem tiefsten Wesen immer auf das Du bezogen und umgekehrt: wirkliche Beziehung, die ‚Kommunion' wird, kann nur in der Tiefe der Persona geboren werden."

18 Joseph Ratzinger, Das Menschenbild des Konzils in seiner Bedeutung für die Bildung, in: Christliche Erziehung nach dem Konzil, hg. v. Kulturbeirat beim Zentralkomitee der deutschen Katholiken, Köln: 1967, 33-65; JRGS 7, 863-886.

19 Seine Wahl des bischöflichen Mottos „Mitarbeiter der Wahrheit" und die ständige Bezugnahme auf dieses Thema in seinen Schriften ist ein klares Zeichen seines Einsatzes für die Wahrheit. Besonders bedeutsam ist in diesem Zusammenhang der bereits erwähnte Aufsatz „Glaube, Wahrheit und Kultur". Die Beweggründe für die Wahl seines Mottos erklärt er selbst folgendermaßen: „Ich muss sagen, dass ich in den Jahrzehnten meiner Lehrtätigkeit als Professor die Krise des Wahrheitsanspruchs bei mir selbst sehr stark empfunden habe. Meine Befürchtung war, dass es eigentlich Anmaßung ist, wie wir mit dem Begriff der Wahrheit des Christentums umgehen, ja, auch Respektlosigkeit den anderen gegenüber. Die Frage war, wieweit dürfen wir das noch gebrauchen? Ich habe diese Frage sehr eingehend durchwandert. Letztlich konnte ich dann doch sehen, wenn wir von dem Begriff der Wahrheit abgehen, dann gehen wir gerade von den Grundlagen ab. […] Ich bin von daher zu der Erkenntnis gekommen, dass wir in der Krise der Zeit, in der wir zwar eine Menge von Kommunikation in naturwissenschaftlicher Wahrheit haben, aber in der die eigentlichen Fragen des Menschen ins Subjektive abgedrängt sind, gerade die Suche nach der Wahrheit und auch den Mut zur Wahrheit wieder neu brauchen" (Salz der Erde/Gott und die Welt, 521f.).

gerät – in Folge der Widersprüchlichkeit einer ihrer Prämissen.[20] Mit dieser und ähnlichen Methoden wagt Ratzinger es, alle Theorien zu überprüfen – so schwierig oder widersprüchlich sie auch scheinen mögen – und ihre Falschheit bzw. Ergänzungsbedürftigkeit aufzuzeigen. Er wagt es auch, die von ihm aufgegriffenen Theorien mit der sogenannten Existenzialerfahrung[21] zu konfrontieren, die jeder Mensch in sich selbst findet und als Maßstab für seine eigenen logischen Schlüsse heranzieht. Für Ratzinger ist diese Erfahrung wertvoll und hat große Bedeutung für den Erkenntnisprozess, denn wenn es um Fragen der Anthropologie geht, kann nur wahr sein, was auch „der realen Wirklichkeit des Menschen gemäß“[22] ist. Diese im Innersten des Menschen wurzelnde Erfahrung, auf die sich Ratzinger im Anschluss an Augustinus sehr oft beruft, ist überaus reich. So erblickt Ratzinger in der Suche des Menschen nach dem vollkommenen Glück und nach intellektuellen und existenziellen Antworten, die dem Leben erst seinen vollen Sinn geben können[23], einen tiefen Durst nach Absolutheit und Endgültigkeit.[24] Er findet diesen Durst zugleich in der inneren Einsamkeit, die im Herzen eines jeden Menschen wohnt und die sich im Wunsch nach einer absoluten Liebe äußert, in dem Bedürfnis, jemanden bei sich zu haben, den man lieben kann und von dem man um seiner selbst willen geliebt wird.[25] Wie für den hl. Augustinus ist das Entdecken dieser Sehnsucht nach dem Unendlichen für Ratzinger eine Spur Gottes im Menschen, ein existenzieller Hin-

20 Als Beleg hierfür ließe sich etwa Ratzingers Versuch anführen, die Wahrheit des Christentums aufgrund seiner inhärenten Rationalität zu rechtfertigen. Dazu führt er die Problematik auf die Alternative zurück, ob die Welt letztendlich rational sei oder nicht, d. h., ob die Vernunft ein akzidentelles Produkt des Irrationalen sei oder ihren Ursprung in einer fundamentalen schöpferischen Vernunft habe. Insofern zeige sich die Evolutionslehre als wichtiger Gegner der Wahrheit des Christentums. Auf die Frage „Ist alles gesagt mit einem Typus von Antworten, wie wir ihn etwa bei Popper in folgender Formulierung finden: ‚Das Leben, so wie wir es kennen, besteht aus physikalischen [Körpern], die Probleme lösen. Das haben die verschiedenen Arten durch die natürliche Auslese ‚gelernt[...]‘?“ antwortet Ratzinger lakonisch: „Ich glaube nicht“. Er zeigt den Widerspruch auf, in den sich diese Theorie verwickelt, denn: „Das von Popper vorgeführte Erklärungsmodell [...] zeigt, dass die Vernunft gar nicht anders kann, als auch das Unvernünftige nach ihrem Maß, also vernünftig, zu denken [...], womit sie implizit doch wieder den eben geleugneten Primat der Vernunft aufrichtet“ (Das Christentum – die wahre Religion?, 145f.). Ähnlich geht Ratzinger bei seiner Widerlegung einer materialistischen Vorstellung von der Geschichte vor, die die Freiheit als durch historische Gesetze determiniert betrachtet. Eine solche Vorstellung sei in sich paradox, denn: „Eine Freiheit, die durch historische Notwendigkeiten hervorgebracht und insofern dem Menschen von außen aufgestülpt wird, ist keine Freiheit“ (Freiheit und Befreiung, in: Communio 15 [1986] 410; JRGS 10, 564).

21 Mit Jean Mouroux und Wolfgang Beinert unterscheidet Ratzinger drei Stufen der Erfahrung, denen er die christliche Erfahrung als vierte Stufe hinzufügt: die ‚empirische‘, die ‚experimentelle‘, die ‚experientielle‘ – von Beinert als „Existentialerfahrung“ übersetzt –, „die das geistige Prinzip aufnimmt, dem wir vorhin begegneten, die aber zugleich auch Freiheit lässt“ (vgl. Joseph Ratzinger, Glaube und Erfahrung, in: Theologische Prinzipienlehre: Bausteine zur Fundamentaltheologie, Donauwörth: 2005, 363-370, Zitat: 366).

22 Joseph Ratzinger, Freiheit und Wahrheit, in: ders., Glaube, Wahrheit, Toleranz: Das Christentum und die Weltreligionen, Freiburg i. Brsg.: ^{2}2003, 204f.

23 Dies ist ständiges Thema bei Ratzinger: „Allerdings ist es dem Verstehen eigen, dass es unser Begreifen immer wieder überschreitet zu der Erkenntnis unseres Umgriffenseins“ (Einführung in das Christentum, 71; JRGS 4, 87).

24 Vgl. etwa die Bemerkung: „[D]ass er [der Mensch] also mit seinem unendlichen Hunger nicht ins Leere hinein wartet, dafür stehen uns die Einbrüche der Liebe Gottes in der Geschichte ein“ (Auf Christus schauen, 50; JRGS 4, 437).

25 „Diese Einsamkeit [...] bedeutet zugleich den tiefsten Widerspruch zum Wesen des Menschen, der nicht allein sein kann, sondern das Mitsein braucht“ (Einführung in das Christentum, 280f.; JRGS 4, 272).

weis auf sein Dasein.[26] Diese Betonung des Existenziellen, die er zum Teil von Guardini und dessen Appell an das „Lebendig-Konkrete“[27] geerbt hat, erklärt, warum Ratzinger in seinen Überlegungen oft von konkreten Beispielen ausgeht, mit denen der Leser sich identifizieren kann und die das Verständnis des Gegenstandes erleichtern.

Ratzinger tritt für einen weiten Begriff der Vernunft[28] und der Wissenschaft ein. Auf diese Weise entgeht er der Gefahr, die Wirklichkeit zu beschneiden und einzuschränken, Gegenstand und Methode der Wissenschaft auf das bloß Positivistische und Experimentelle zu reduzieren oder Wahrheit allein vom wissenschaftlich-technischen Fortschritt her zu definieren. Der eigentliche Gegenstand der Philosophie und Theologie ist so beschaffen, dass er nicht mit empirischen Methoden erkannt und gemessen werden kann. Wollte man solches versuchen, wäre dies ein grober Fehler, denn eine Methode muss dem jeweiligen Erkenntnisgegenstand angemessen sein. Es ist wahr, dass es bestimmte, für alle Wissenschaften gleichermaßen geltende Prämissen gibt: darunter fallen besonders die demütige Offenheit gegenüber der Wirklichkeit[29] und die vorurteilslose Annäherung an sie. Dennoch bedarf es bei der Betrachtung der Fragen rund um die menschliche Person einer Haltung und einer Methode, die diesem Gegenstand angemessen ist und infolgedessen auch die Fähig-

26 „Im Menschen lebt unauslöschlich die Sehnsucht nach dem Unendlichen. Keine der versuchten Antworten genügt; nur Gott, der selbst endlich wurde, um unsere Endlichkeit aufzureißen und in die Weite seiner Unendlichkeit zu führen, entspricht der Frage unseres Seins“ (Joseph Ratzinger, Die in den 1990er Jahren aufgebrochenen neuen Fragen – Zur Lage von Glaube und Theologie heute, in: ders., Glaube, Wahrheit, Toleranz: Das Christentum und die Weltreligionen, Freiburg i. Brsg.: ²2003, 111).

27 Vgl. Franz-Xaver Heibl, Theologische Denker als Mitarbeiter der Wahrheit – Romano Guardini und Papst Benedikt XVI., in: Mittelungen des Instituts Papst Benedikt XVI. 1 (2008) 59-71; Silvano Zucal, Ratzinger e Guardini, un incontro decisivo, in: Vita e pensiero, 91 (4/2008), 79-88, sowie Joseph Ratzinger, Von der Liturgie zur Christologie.

28 „Der Radius der Vernunft muss sich wieder weiten. Wir müssen aus dem selbstgebauten Gefängnis wieder herauskommen und andere Formen der Vergewisserung wieder erkennen, in denen der ganze Mensch im Spiel ist“ (Joseph Ratzinger, Glaube zwischen Vernunft und Gefühl, in: ders., Glaube, Wahrheit, Toleranz: Das Christentum und die Weltreligionen, Freiburg i. Brsg.: ²2003, 128).

29 „Wir brauchen eine neue Bereitschaft des Suchens und auch die Demut. [...] Die Demut, die sich dem Gefundenen beugt und es nicht manipuliert, darf aber nicht zur falschen Bescheidenheit werden, die den Mut zur Wahrheit nimmt“ (ebd., 128). Vgl. auch Ratzingers Bemerkungen zum rechten Umgang mit historischen und biblischen Quellen: „Wir werden auf die Quellen hören müssen, die den Ursprung bezeugen und damit unser Heute korrigieren, wo es sich in die eigenen Wunschbilder verläuft. Diese demütige Unterwerfung unter das Wort der Quellen, diese Bereitschaft, uns unsere Träume entreißen zu lassen und der Wirklichkeit zu gehorchen, ist eine Grundbedingung wahren Begegnens. Begegnung verlangt die Askese der Wahrheit, die Demut des Hörens und Sehens, das zu wirklichem Wahr-Nehmen führt“ (Joseph Ratzinger, Jesus Christus heute, in: Communio 19 [1990] 56; JRGS 6, 966). Vermutlich identifiziert sich Ratzinger mit Romano Guardinis Haltung gegenüber der Wahrheit, wenn er einige Qualitäten des italienisch-deutschen Theologen folgendermaßen beschreibt: „In Guardini haben wir ein Bündel weiterer Kategorien entdeckt: die Wesentlichkeit, die Guardini einer bloß subjektiven Wahrhaftigkeit entgegenstellte; den Gehorsam, der aus der Wahrheitsbeziehung des Menschen folgt und seine Weise des Freiwerdens, des Einsseins mit seinem Wesen ausdrückt; die Anbetung als Kern des Wahrnehmens und Annehmens von Wahrheit; endlich die Vorordnung des Logos vor dem Ethos, des Seins vor dem Tun“ (Von der Liturgie zur Christologie, 195; JRGS 6, 734).

keit mit einschließt, Gott zu erkennen, der ebenfalls Person ist.[30] So wird sich zeigen, wie Ratzinger das Thema der Freiheit und ihrer Implikationen von dem oben skizzierten weiten Begriff der Vernunft her angeht, der in der Welt neben der „objektivierte[n] Mathematik" das „unerhörte und unerklärte Wunder des Schönen"[31] zu entdecken versteht. Bei seinen Überlegungen nimmt er die, besonders im deutschsprachigen Bereich, einflussreiche Kritik der Metaphysik durch Kant zwar ernst[32], aber er fordert dennoch den unbedingten Vorrang der Wirklichkeit und der Wahrheit – besonders wenn es um die in Jesus Christus offenbarte Wahrheit geht – gegenüber denjenigen philosophischen Systemen, die sich der Wahrheit *a priori* verschließen, ohne sie auch nur ansatzweise in Erwägung zu ziehen. Deshalb will Ratzinger, im Anschluss an das post-idealistische Denken, den verengten Vernunftbegriff der Aufklärung überwinden, um somit von neuem die Möglichkeit zu eröffnen, die Tiefe der Wirklichkeit „wieder verstehen zu lernen"[33].

Die Wahrheit ist bei Ratzinger jedoch keine kalte und unpersönliche Idee wie der erste Unbewegte Beweger bei Aristoteles, sondern sie erscheint als die Schönheit, als Berührbarkeit des göttlichen Logos, der in Jesus Christus – wahrer Gott und wahrer Mensch – Fleisch geworden ist. Von daher erweist sich die Wahrheit auch als zutiefst logische Größe, das heißt, als dem Logos gemäß, rational und intelligibel, und infolgedessen für die menschliche Vernunft erreichbar. Im Licht der Wahrheit wird die gesamte Wirklichkeit, die ganze Schöpfung – der Mensch eingeschlossen – für die menschliche Erkenntnis zugänglich. Die Frage nach Gott stellt sich somit unwillkürlich einem jeden, der die Wahrheit über den Menschen und seine Freiheit eingehender untersucht.[34] Die intellektuelle Suche wird für Ratzinger im Menschen zu einer existenziellen Suche, bei welcher der Durst nach Wahrheit, nach Authentizität und nach endgültigen Antworten, den jeder Mensch in seinem tiefsten Inneren verspürt, einerseits zeigt, wie unzureichend die bloß rationalen Antworten sind; an-

30 Nach Ratzinger erfordert jedes Experiment, in welcher wissenschaftlichen Disziplin auch immer, eine gewisse Erkenntnis, das heißt, ein Sich-Einlassen auf den Forschungsgegenstand, der eine ganz und gar ‚wissenschaftliche' Neutralität unmöglich macht: „[W]ir wissen heute, dass im physikalischen Experiment der Beobachter selbst in das Experiment eingeht und nur so zu physikalischer Erfahrung kommen kann. Das bedeutet, dass es die reine Objektivität selbst in der Physik nicht gibt" (Einführung in das Christentum, 162f.; JRGS 4, 168). In diesem Sinn erfordert die Erfahrung der Person, und besonders die Erfahrung Gottes, auch ein gewisses Sich-Einlassen auf Ihn, denn, „die Wirklichkeit ‚Gott' kann nur in den Blick kommen für den, der in das Experiment mit Gott eintritt – in das Experiment, das wir Glaube nennen" (ebd., 163; JRGS 4, 169). Im Hinblick auf die Person wird dieses Sich-Einlassen zur Liebe: „Aber so wie der Mensch der Liebe des anderen gewiss wird, ohne dass er sie den Methoden naturwissenschaftlicher Prüfung unterwerfen kann, so gibt es auch in der Berührung zwischen Gott und Mensch eine Gewissheit, die ganz anderer Natur ist als die Gewissheiten des objektivierenden Denkens. [...] Vielleicht scheitern heute deswegen so viele Beziehungen, weil wir nur noch die Gewissheitsform der Hypothese kennen und allem, was nicht naturwissenschaftlich abgesichert ist, keine letzte Gültigkeit zusprechen. So entgehen uns die wesentlich menschlichen Phänomene und ihre ganz anders geartete, in Wahrheit viel höhere Gewissheit. Erst recht kann Gott nicht objektiviert werden, als wäre er eine Sache, die unterhalb von uns ist und die wir in unsere Hände oder in unsere Geräte hineinzwängen können" (Joseph Ratzinger, Glaube und Theologie, in: ders., Weggemeinschaft des Glaubens: Kirche als Communio, Augsburg: 2002, 17f.).

31 Einführung in das Christentum, 143; JRGS 4, 151.

32 Vgl. Die in den 1990er Jahren aufgebrochenen neuen Fragen.

33 Gewissen und Wahrheit, 42; JRGS 4, 705.

34 In aller Deutlichkeit formuliert Ratzinger dies in einem Vortrag: „Die Frage nach Gott ist zugleich und in einem die Frage nach der Wahrheit und nach der Freiheit" (Jesus Christus heute, 65; JRGS 6, 979).

dererseits weist dieser Durst letzten Endes auf das absolute Sein hin, das sich durch die wesentlichen Attribute Liebe und Verstand auszeichnet.

Philosophie und Theologie gehen in Ratzingers Werk miteinander Hand in Hand, ebenso wie Glaube und Vernunft dies tun, die im Innersten zutiefst eins sind und einander wechselseitig befruchten.[35] Gerade die Rationalität des Christentums – dasjenige Charakteristikum, durch das es sich von allen anderen Religionen der ersten Jahrhunderte unterschied – hat dieses Miteinander des Glaubens mit einer jeden Art der rationalen, redlichen und wahrhaftigen Suche nach letztgültigen Erklärungen, wie sie allen Wissenschaften eigen ist, nach Ratzinger entscheidend mit bedingt: „Die Aufklärung [im Sinne von vernunftgeleiteter Reflexion] kann Religion werden, weil der Gott der Aufklärung selbst in die Religion eingetreten ist."[36] Diese Einsicht scheint immer wieder in Ratzingers Dialog mit Denkern und theoretischen Systemen auf, zu denen er, ausgehend von der grundsätzlichen Rationalität sowohl des Glaubens als auch der Wirklichkeit, um deren Erkenntnis sie sich bemühen, Brücken baut. Zu dieser ‚Waffe' greift er gewissermaßen auch, wenn es ihm darum geht, über das Thema der Freiheit mit philosophischen Theorien in Dialog zu treten, die sich von der seinen bisweilen stark unterscheiden. Gerade die Rationalität der Freiheit – bezüglich ihres Wesens und ihrer Praxis – wird sich im Folgenden gewissermaßen wie ein roter Faden durch diese Studie ziehen, der die verschiedenen Elemente, die die Freiheit nach Ratzinger ausmachen, miteinander verknüpft.

Obwohl die Freiheit nicht an vielen Stellen in Ratzingers Werk eigens thematisiert wird, ist sie dennoch in seinem gesamten theologischen und pastoralen Wirken als Grundidee präsent. Aufgrund von Ratzingers Eigenschaft als Theologe könnte man zu dem Schluss neigen, er würde sich bei seinen Überlegungen zu diesem Punkt auf das rein Theologische beschränken; nichtsdestoweniger finden sich jedoch in seinen Werken auch zahlreiche Verweise auf philosophische Theorien – ältere wie neuere. Der Grund hierfür liegt einerseits in der philosophischen Grundlage, auf der eine jede theologische Reflexion notwendigerweise implizit basiert und die es explizit zu machen gilt, will man letztere vollständig verstehen; andererseits ist auch der Einfluss von Bedeutung, den das philosophische Denken von jeher auf unser Alltagsdenken ausübt. Diejenigen Schriften Ratzingers, die sich unmittelbar mit dem Thema der Freiheit befassen, werden im Folgenden naturgemäß die Hauptquellen der Analyse darstellen; daneben muss freilich auch eine ganze Reihe anderer Werke herangezogen werden, insofern diese zu einem besseren Verständnis des Problems der Freiheit bei Ratzinger beitragen können. Durch die Auseinandersetzung mit diesen Werken wird es möglich sein, die Anthropologie Joseph Ratzingers in ihren Grundzügen zu skizzieren. Als Ergänzung zu Ratzingers theologischen Schriften werden schließlich auch verschiedene lehramtliche Texte dienen, die er in seiner Eigenschaft als Papst verfasst hat und die aufgrund ihrer pastoralen Ausrichtung bisweilen begrifflich leichter zugänglich sind.

35 „Um einen solchen neuen dialogischen Umgang von Glaube und Philosophie müssen wir uns mühen, denn beide brauchen einander. Die Vernunft wird ohne den Glauben nicht heil, aber der Glaube wird ohne die Vernunft nicht menschlich" (Die in den 1990er Jahren aufgebrochenen neuen Fragen, 110).

36 Das Christentum, die wahre Religion?, 139. Dieses Eintreten Gottes brachte im Übrigen wichtige Korrekturen am philosophischen Gottesbild mit sich.

1.2 Überblick über die wichtigsten Quellen

Weil das Werk Ratzingers sehr umfangreich ist, wollen wir zunächst die wichtigsten Quellen näher bestimmen, die der folgenden Analyse zugrundeliegen. Nach Gruppen gegliedert werden dabei zunächst die Titel derjenigen Schriften aufgeführt, in denen sich Ratzinger unmittelbar mit dem Problem der Freiheit beschäftigt.

Während seines langjährigen Wirkens als Professor, Theologe, Erzbischof von München und Freising und als Präfekt der Glaubenskongregation hat Joseph Ratzinger das Thema der Freiheit im Zusammenhang mit drei wesentlichen Themenbereichen behandelt. Der erste umfasst Schriften – Vorlesungen, Vorträge und Predigten –, die sich mit der christlichen Sicht vom Ursprung der Welt und des Menschen auseinandersetzen. Es geht hier um die zentrale Einsicht des Christentums, mit ihren jeweiligen theologischen oder pastoralen Implikationen, dass Gott die Welt ohne innere Notwendigkeit aus reiner Liebe erschaffen hat und dass er aus dieser Liebe heraus auch den freien Menschen nach seinem Ebenbild ins Leben rief. Zu dieser ersten Gruppe von Schriften gehören: „Was ist der Mensch" (1966-69), „Einführung in das Christentum" (1968), „Im Anfang schuf Gott" (1986) und eine Reihe von Passagen aus dem Gesprächsbuch „Gott und die Welt" (1999).

Eine zweite Gruppe umfasst Ratzingers christologische Schriften. In Christus wird für den Theologen der höchste Ausdruck der Freiheit offenbar, denn in ihm sind menschlicher und göttlicher Wille aus Liebe zum Vater vollkommen eins; das bedeutet, dass er den Satz „dein Wille geschehe" auf vollkommene Weise annimmt und in sich lebt. Dieser höchstmögliche Grad der Vereinigung, den Christus mit dem Vater besitzt, lässt Ratzinger dieses Phänomen als „Ontologie der Freiheit" bezeichnen – als den letztendlich maßgebenden Schlüssel zum Verständnis dessen, was die Freiheit ihrem Wesen nach ist und was sie infolgedessen auch sein soll. In diese Gruppe lassen sich folgende Titel einordnen: „Schauen auf den Durchbohrten" (1984) – besonders die Kapitel „Christologische Orientierungspunkte", „Kommunion – Kommunität – Sendung", „Christus der Befreier. Eine Osterpredigt" –, „Jesus Christus heute" (2000), „Jesus von Nazareth", besonders der 2011 erschienene zweite Teil, sowie erneut bestimmte Passagen aus „Gott und die Welt".

Das theologisch-philosophische Verständnis des Glaubensartikels über die „Konsubstanzialität" des Sohnes mit dem Vater ermöglicht ein noch tieferes Verständnis des inneren Wesens der zweiten göttlichen Person, das sich analog auch auf die menschliche Person anwenden lässt. Die Erläuterung dieser Wahrheit leistet einen wichtigen Beitrag zum rechten anthropologischen Verständnis der menschlichen Person und ihrer Freiheit, das seine Wurzeln im christlichen Denken hat und von Ratzinger noch mit weiteren philosophischen, aus dem christlichen Personalismus gewonnenen Einsichten angereichert wird. Sein ganzes Werk ist von diesen Einsichten und ihren Implikationen geprägt, doch gilt es in diesem Zusammenhang, vor allem die folgenden Schriften in den Blick zu nehmen: „Auf Christus schauen" (1989), „Einführung in das Christentum" (1968) sowie den Aufsatz „Gratia praesupponit naturam" (1965).

Schließlich folgt drittens eine Reihe von Vorträgen und Aufsätzen, in denen Ratzinger die Freiheit selbst zum Hauptgegenstand der Untersuchung macht. In der Regel behandelt er diese dort parallel zu einem anderen wichtigen Begriff oder in

Auseinandersetzung mit einer zeitgenössischen Theorie, deren Thesen er korrigiert und erweitert. In diesem Zusammenhang sind zu nennen: „Das Menschenbild des Konzils in seiner Bedeutung für die Bildung" (1967), „Die anthropologischen Grundlagen der Bruderliebe" (1970), „Freiheit und Bindung in der Kirche" (1980), „Freiheit und Befreiung" (1986), „Gewissen und Wahrheit" (1991) sowie „Freiheit und Wahrheit" (1995).

Da diese Aufzählung Ratzingers Werk keineswegs in seiner Gänze umfasst, werden wir über die genannten Titel hinaus immer wieder auch weitere Werke heranziehen, soweit sie der Analyse wichtige Aspekte, Überlegungen oder Anregungen hinzuzufügen vermögen. So werden etwa die politischen Implikationen der Freiheit, die ein eigenes Thema darstellen und mit denen Ratzinger sich aufgrund ihrer hohen Aktualität häufig beschäftigt, nur insofern von Relevanz sein, als sie der Ergänzung der hier versuchten anthropologischen Annäherung an die Freiheit dienen können. Gleiches gilt für den umfassenden Bereich der Religionsfreiheit.

Wie bereits gesagt, sollen von Ratzingers päpstlichen Lehrschreiben ausschließlich diejenigen verwendet werden, in denen er die in seinen früheren theologischen Schriften bereits entwickelten Positionen und Denkansätze erneut bekräftigt. Der Denker Ratzinger und der Papst sind ein und dieselbe Person, daher besteht selbstverständlich eine Kontinuität, sowohl in seiner persönlichen Art, an Themen heranzugehen, als auch in den zentralen Begrifflichkeiten seiner Reden, schriftlich wie mündlich. In diesem Sinn tragen die von ihm verfassten Enzykliken ‚sein' persönliches Gepräge, besonders die beiden ersten, „Deus caritas est" und „Spe salvi". In ihnen wendet er sich erneut Thematiken zu, die bereits in der „Einführung in das Christentum" einen zentralen Platz einnahmen. Andererseits ruft er in seinen Reden die Gläubigen beständig dazu auf, die wahre Freiheit zu leben, und dies in einer Sprache, die sein Verständnis der Freiheit so klar und deutlich zum Ausdruck bringt, dass diese Reden für unsere Zwecke eine reiche Fundgrube darstellen. Letztendlich, so betont er etwa in einer Reihe von Schreiben an die Diözese Rom zum Thema der Erziehung, sei es von höchster Bedeutung, den entscheidenden Wert der Freiheit und der in ihr getroffenen Entscheidungen zu verstehen, um das rechte Ziel des Lebens zu erkennen und ihm seinen wahren Sinn zu geben:

> *„Im Gegensatz zum technischen oder wirtschaftlichen Bereich, wo man die Fortschritte von heute denen der Vergangenheit hinzufügen kann, gibt es im Bereich der Ausbildung und des sittlichen Wachstums der Personen eine solche Zuwachsmöglichkeit nicht, weil die Freiheit des Menschen stets neu ist und daher jede Person und jede Generation selbst aufs Neue ihre Entscheidungen treffen muss. Auch die größten Werte der Vergangenheit können nicht einfach geerbt werden, sondern wir müssen sie uns durch eine oft schwer errungene persönliche Entscheidung aneignen und erneuern."*[37]

37 Benedikt XVI., Schreiben an die Diözese und die Stadt Rom über die dringende Aufgabe der Erziehung, 21. Januar 2008. Vgl. auch Ansprache an die Teilnehmer der 61. Vollversammlung der Italienischen Bischofskonferenz, 27. Mai 2010 und Botschaft zur Feier des Weltfriedenstages, 1. Januar 2012.

2 Das Konzept der Freiheit: Einige notwendige begriffliche Differenzierungen

2.1 Wahl des angemessenen methodischen Ansatzes

Im Folgenden werden wir uns dem eigentlichen Gegenstand unserer Analyse zuwenden: Ratzingers Auffassung der Freiheit. Dieses komplexe Phänomen umfasst viele verschiedene Dimensionen des menschlichen Lebens; man kann es daher mit Recht ein Leitmotiv des Menschlichen nennen, das aus zahlreichen unterschiedlichen Perspektiven betrachtet werden kann. Deshalb ist es unerlässlich, einen für unsere Analyse angemessenen methodischen Ansatz zu finden, denn – dessen ist sich auch Ratzinger bewusst – „[d]ie Antwort hängt nun einmal von der Frage ab".[38]

Es bieten sich bei näherer Betrachtung drei mögliche Sichtweisen: Die erste methodische Option läge darin, einen primär negativen Weg einzuschlagen, wobei zu zeigen wäre, was die Freiheit für Ratzinger, im Vergleich zu heute gängigen Auffassungen des Begriffs, gerade *nicht* ist. Ein derartiger Ansatz würde sich weitgehend darauf beschränken, Ratzingers Kritik an jenen partikularistischen, reduktionistischen oder gar verabsolutierten Vorstellungen der Freiheit zu referieren, deren Basis vor allem im Denken der Moderne zu finden ist. Aus dieser Perspektive erschiene Ratzinger, selbst wenn man dabei versuchte, ausgehend von seiner positiven Auffassung der Freiheit die logischen Gründe seiner Kritik nachzuvollziehen, als ein antimoderner Denker, dessen Position zur Mentalität und Gesellschaft der Postmoderne in grundlegendem Widerspruch stünde. Wie ich meine, wird diese Option der Lehre und Person Joseph Ratzingers jedoch nicht gerecht, da für ihn keineswegs die fundamentale Abkehr von der Moderne kennzeichnend ist, sondern stattdessen eine erneute Hinkehr zur anthropologischen und theologischen Wahrheit, indem er alle falschen Barrieren, die diesem Unterfangen im Wege stehen könnten, beseitigt.

Aus einer positiveren Sicht bietet sich demnach eine zweite Option, nämlich Ratzingers Auffassung von der Freiheit aus seiner fundamentaltheologischen Position herzuleiten. Der Ausgangspunkt wäre hierbei ein christologischer, da die Christologie gewissermaßen den Kern von Ratzingers Theologie darstellt. Ausgehend von Ratzingers Grundsatz, der in Jesus Christus den exemplarischen und maßgebenden Menschen[39] erkennt, würde ein solcher Ansatz nachzuzeichnen versuchen, wie Christus die Freiheit in seinem irdischen Leben verwirklicht hat, um die so gewonnenen Erkenntnisse dann in einem zweiten Schritt auf den individuellen Menschen

38 Einführung in das Christentum, 142; JRGS 4, 151.
39 Vgl. ebd., 220; JRGS 4, 217.

anzuwenden, dessen Ideal und dessen Weg in Christus selbst zu finden ist.[40] In einer derartigen Betrachtungsweise spielt das Wirken der übernatürlichen Gnade eine zentrale Rolle, weil sie dem Menschen das Leben als Kind Gottes überhaupt erst ermöglicht und ihn gleichzeitig von allem befreit, was dieser Kindschaft und dem dazu nötigen Weg der Bekehrung noch im Wege steht. Die Gnade setzt die Natur in ihrem notwendigen Sich-Mühen um Selbstüberwindung nicht nur voraus, sondern sie übersteigt und vollendet diese auch zugleich. Deshalb erscheint aus dieser Perspektive die Freiheit als Kindschaft und somit letztlich als Teilhabe am göttlichen Leben selbst, am Dasein des Sohnes Gottes.[41] Ein solcher Ansatz könnte zwar dem Denken Ratzingers durchaus gerecht werden, wäre aber wohl für jemanden, der mit der christlichen Theologie nicht vertraut ist oder gar im Widerspruch zu ihr steht, nur schwer nachvollziehbar.

Neben vielen weiteren möglichen Herangehensweisen bietet sich daher schließlich noch eine dritte Option: Ausgehend von den Einsichten über den Menschen, wie sie uns die Vernunft (im bereits erwähnten erweiterten Sinn des Wortes) vermitteln kann, würde dieser Ansatz das Phänomen der Freiheit im Rahmen einer philosophischen Betrachtung der Person zu erfassen suchen. Hierbei müsste es zunächst darum gehen, auf der Basis der zahlreichen Erwägungen über das Wesen des Menschen in Ratzingers Werk, seine anthropologische Position zu skizzieren, unter besonderer Berücksichtigung des Aspektes der menschlichen Freiheit. Eine solche Analyse würde dem von ihm selbst mehrfach vorgeschlagenen und skizzierten Weg der *praeambula fidei* folgen, der darin besteht, schrittweise über die Gewinnung der nötigen philosophischen Einsichten an einen Punkt zu gelangen, wo die Vernunft an die Grenzen ihres natürlichen Erkenntnisvermögens stößt und sich infolgedessen für eine Erkenntnis öffnet, die ihren Blick auf die Wirklichkeit zu erweitern und zu vollenden vermag. Indem wir diesen Weg einschlagen, wollen wir einen umfassenden, wenn auch wohl kaum erschöpfenden Überblick über das Phänomen der Freiheit bei Ratzinger gewinnen und uns dabei nicht nur der ‚Waffen' der Vernunft, sondern auch jener der theologischen Erklärung bedienen. Eben diese letzte methodische Option wird demnach als Ausgangspunkt für die nun folgenden Überlegungen dienen.

2.2 Verschiedene Verwendungsweisen des Begriffs ‚Freiheit'

Der gewählte methodische Ansatz, Ratzingers Begriff der Freiheit schrittweise von seiner Anthropologie her zu entfalten, ermöglicht uns jene Art von Gesamtschau, die notwendig ist, um die unterschiedlichen Bedeutungen näher zu erfassen und voneinander abzugrenzen, mit denen Ratzinger den Begriff der Freiheit belegt. Dabei lassen sich im Großen und Ganzen etwa vier bis fünf verschiedene Verwen-

40 Vgl. etwa Ratzingers Aussage in seinem Aufsatz „Theologia perennis? Über Zeitgemäßheit und Zeitlosigkeit der Theologie" (in: Wort und Wahrheit 15 [1960] 179-188): „Schöpfung und Christustat sind nicht zwei verschiedene oder gar entgegengesetzte Werke, sondern nur zwei Stadien eines einzigen göttlichen Planes. Die Schöpfung mündet in Christus, der das vorbestimmte Ziel dieser Schöpfung ist. Schöpfung wird christologisch verstanden" (180).

41 Vgl. Joseph Ratzinger, Freiheit und Bindung in der Kirche, in: JRGS, 8, 428-447.

dungsweisen des Wortes ‚Freiheit' unterscheiden, die einander nur scheinbar widersprechen. Für unsere Zwecke mag es genügen, sie an dieser Stelle knapp zu umreißen, damit auf diese Weise der Reichtum und die Vielschichtigkeit von Ratzingers Überlegungen zum Gegenstand unserer Analyse umso deutlicher zu Tage treten.

Als eine Art ‚Grundbedeutung' von ‚Freiheit' wäre Ratzingers Verwendung des Begriffs im Zusammenhang mit seinem radikalen Eintreten für die grundsätzliche Freiheit des Menschen zu nennen, d. h. für die Anerkennung des menschlichen Strebens nach Freiheit als fundamentales Recht, nicht nur als bloß akzidentelle Abwesenheit von äußerem Zwang. Gegenüber den verschiedenen Strömungen des Determinismus, die die Freiheit des Menschen *a priori* leugnen, findet Ratzinger hinreichend Belege in der menschlichen Erfahrung, die deren Existenz beweisen. Die Freiheit existiert, nicht nur als Postulat, sondern als Tatsache. Hinter der binären Opposition von Freiheit und Determinismus, mit der sich jeder Denker bereits auf dieser grundlegenden Ebene konfrontiert sieht, verbirgt sich freilich eine noch tiefer gehende Alternative: die Alternative zwischen den beiden Grundprinzipien Materie und Geist, von denen das erstere die Möglichkeit impliziert, alles vorherzusagen, während das letztere das Risiko der Freiheit mit einbezieht.[42]

Diese Verwendungsweise des Begriffs ‚Freiheit' ist bei Ratzinger stets mit einer positiven Wertung verbunden. Ratzinger schätzt die Freiheit als ein Gut und verteidigt diese Position gegenüber Theorien, die diesen ihren Wert mindern. Nichtsdestoweniger – und hier kommt eine weitere Bedeutung ins Spiel – stellt die Freiheit aber für ihn kein absolutes Gut dar, sondern ein auf andere Güter hingeordnetes Gut (*bonum intermedium*). Er vertritt folglich eine Position, die von der Zurückweisung bzw. Geringschätzung der Freiheit ebenso weit entfernt ist wie von ihrer Verabsolutierung. Ihr Gewicht erhält die Freiheit nur von daher, dass sie ein Wahlvermögen ist, mittels dessen der Mensch sich aktiv für ein bestimmtes Gut entscheiden kann.[43] Aus dieser Tatsache resultiert auch die persönliche Verantwortung, die zutiefst mit dem Wesen menschlicher Freiheit verbunden ist,[44] ebenso wie das ‚Risiko' der Freiheit, mit anderen Worten, die Möglichkeit, das Böse anstelle des Guten zu wählen.[45]

42 Vgl. Einführung in das Christentum, Erster Hauptteil: Gott, 4. Kapitel: Bekenntnis zu Gott heute und 5. Kapitel: Glaube an den dreieinigen Gott (139-177; JRGS 4, 148-181), sowie ders., Im Anfang schuf Gott: Konsequenzen des Schöpfungsglaubens, Einsiedeln: 1996, bes. zweite, dritte und vierte Predigt (31-76).

43 Vgl. Salz der Erde/Gott und die Welt, 377: „Die Freiheit ist dazu da, dass jeder einzelne sein Leben selbst entwerfen und mit seinem eigenen inneren Ja schließlich den Weg gehen kann, der seinem Wesen entspricht."

44 Siehe Ratzingers Aussage im Gespräch mit Peter Seewald: „Freiheit und Verantwortung gehören zusammen" (Benedikt XVI., Licht der Welt: Der Papst, die Kirche und die Zeichen der Zeit, Freiburg i. Brsg.: [3]2010, 129).

45 Vgl. Joseph Ratzinger, Jesus von Nazareth, Erster Teil: Von der Taufe im Jordan bis zur Verklärung, Freiburg i. Brsg.: 2007; JRGS 6, 129-413; auch in zahlreichen Reden von Benedikt XVI. spielt dieser Gedanke eine Rolle; vgl. etwa, neben vielen anderen: Predigt bei der Eucharistiefeier anlässlich des 40. Jahrestages des Abschlusses des II. Ökumenischen Vatikanischen Konzils, 8. Dezember 2005; Ansprache beim Besuch der Päpstlichen Lateranuniversität anlässlich des Beginns des Akademischen Jahres, 21. Oktober 2006; Ansprache bei der Begegnung mit dem Klerus der Diözese Rom, 7. Februar 2008; Ansprachen an die Jugendlichen (São Paulo, 10. Mai 2007, New York, 19. April 2008, und Turin, 2. Mai 2010) sowie Predigt bei der Vigil in der Osternacht, 23. April 2011.

Mit diesem Risiko ist konsequenterweise eine weitere begriffliche Unterscheidung verbunden, nämlich diejenige zwischen einer Freiheit, die für das Gute, und einer solchen, die für das Böse genutzt wird. Die bloße Fähigkeit zu wählen, der freie Wille, ist moralisch gesehen keineswegs neutral, sondern birgt in sich eine moralische Verpflichtung, die mit dem jeweiligen Gebrauch untrennbar verbunden ist. Aus diesem Grund erklärt Ratzinger ohne Umschweife, dass die Freiheit weder aus dem Nichts existiere noch auf das Nichts hin ausgerichtet sei.[46] Diese Unterscheidung ist in der theologisch-philosophischen Auseinandersetzung, in der Ratzinger steht und in deren Kontext er die meisten Dispute zur Verteidigung der Wahrheit über den Menschen auszufechten hat, von außerordentlicher Tragweite. Denn sie verweist auf einen moralischen Maßstab, der jenseits der eigentlichen Freiheit existieren muss und der seinerseits, in Übereinstimmung mit dem, was den Menschen ausmacht, auf ein Wesen, das heißt auf eine innere Wahrheit des Menschen, hindeutet. Freiheit und Wahrheit gehören in Ratzingers Denken und Lehren stets eng zusammen. Angesichts eines heute in weiten Bereichen der Gesellschaft verbreiteten Misstrauens gegenüber der Wahrheit, das in ihr eine Bedrohung und Konkurrenz gegenüber der persönlichen Freiheit des Einzelnen sieht, erscheint eine Vertiefung in diese Beziehung vonnöten, um besser beurteilen zu können, inwiefern die von Ratzinger vertretene Auffassung gerechtfertigt erscheint. Erst aus der inneren Verbindung von Freiheit und Wahrheit lässt sich die Definition der Freiheit des Menschen als vollkommene Erfüllung von dessen Wesensbestimmung[47] ableiten, indem der Mensch diese Bestimmung annimmt, seinen Willen auf sie hin ausrichtet und sie in der Folge durch konkrete Handlungen verwirklicht. Im Gegensatz dazu entspräche die Annahme, dass Freiheit auch entgegen ihrer eigentlichen Bestimmung, als Ausdruck von Rebellion und Selbstbestätigung, vollzogen werden könne, einer „Pervertierung der Freiheit".[48]

Ausgehend von diesem Grundgedanken finden sich bei Ratzinger immer wieder Überlegungen, die sich auf einen ‚Mangel' an Freiheit beziehen bzw. konkrete Personen oder Akte in den Blick nehmen, die eben nicht ‚frei' sind. Diese Hinweise führen uns zu zwei weiteren Sinnebenen bzw. Verwendungsweisen des Begriffs. Freiheit impliziert nach Ratzinger immer einen Lernprozess: Um zur wahren Freiheit zu gelangen, bedürfen wir einer zunehmenden Befreiung von bestimmten Hindernissen; Befreiung ist infolgedessen die unabdingbare Voraussetzung, um ‚frei zu werden'. Innerhalb dieses Prozesses ist vor allem eine Form der Befreiung für Ratzinger von entscheidender Bedeutung. Er nennt sie „Befreiung des Selbst"[49], das heißt, Überwindung des eigenen Egoismus, durch den wir uns von den anderen Menschen isolieren und uns selbst zum Mittelpunkt der Welt machen. Hieraus ergibt sich erneut

46 „Es ist gar nicht so, dass jeder Mensch vom Nullpunkt seiner Freiheit aus sich ganz neu entwirft, wie es im deutschen Idealismus erschien. Er ist nicht ein Wesen, das immer wieder am Nullpunkt beginnt, sein Eigenes und Neues kann er nur auswirken in der Verspannung in das ihm vorgegebene, ihn rundum prägende und gestaltende Ganze des Menschenwesens" (Einführung in das Christentum, 233; JRGS 4, 229).

47 Vgl. Salz der Erde/Gott und die Welt, 377f., sowie Freiheit und Bindung in der Kirche, 436ff.

48 Salz der Erde/Gott und die Welt, 378.

49 Einführung in das Christentum, 91; JRGS 4, 105; siehe auch Auf Christus schauen, 39f.; JRGS 4, 427f., und 98; JRGS 4, 474, sowie Jesus Christus heute, 66; JRGS 6, 982f., und Theologische Prinzipienlehre, 179.

eine scheinbares Paradoxon: Um frei zu werden, muss ich mich von meinem eigenen ‚Ich' befreien. – Wer aber erlangt dann diese Freiheit, wenn ‚ich selbst' dabei ‚aus dem Spiel' bleibe? Worin würde dieses ‚Sich-selbst-aus-dem-Spiel-Lassen' eigentlich bestehen? Ja letztlich: Weshalb ist es überhaupt nötig, sich selbst zu verlieren, wo man sich selbst doch gewinnen will? Auf alle diese Fragen, die in ihrer radikal zugespitzten Formulierung an das Evangelium anknüpfen, gibt es eine anthropologische Antwort, die es uns ermöglichen wird, jenes Paradoxon von der Freiheit durch Befreiung vom eigenen Ich, das dem gesunden Menschenverstand derart zu widerstreben scheint, aufzulösen.

Wenn sich die Freiheit folglich als Prozess gestaltet, dann muss es innerhalb dieses Prozesses auch verschiedene Ebenen oder Stufen geben, auf denen der Mensch einen jeweils höheren Seinsstatus erreicht. Eine solche Stufe impliziert der Begriff „Mitfreiheit", durch den bei Ratzinger die gemeinsame Verantwortung des Einzelnen mit seinen Mitmenschen im Hinblick auf den Gebrauch der eigenen Freiheit bezeichnet wird. In der Tat existieren wir weder als isolierte, selbstgenügsame Wesen, die keinerlei Hilfe vonseiten anderer bedürften, noch als Parasiten, die allein auf Kosten anderer leben, sondern unser Dasein entfaltet sich mit und für die anderen. Ein verantwortungsbewusster Gebrauch der eigenen Freiheit muss dieser Tatsache Rechnung tragen, um auf diese Weise „in die Symphonie der Freiheit eintreten"[50] zu können. Auch in diesem Aspekt der Freiheit liegt scheinbar ein Paradoxon: Je freier man ist, desto enger wird man mit dem erwählten Gut, mit der geliebten Person, verbunden. Die Verbindlichkeit erscheint auf diese Weise als die notwendige Kehrseite der Freiheit. Der Schlüssel zur Lösung dieses scheinbaren Widerspruchs liegt für Ratzinger denkbar nahe: Wer wahrhaft und ernsthaft liebt, der wird sich nicht davor scheuen, Bindungen einzugehen. Um diesem Gedanken näher auf den Grund gehen zu können, gilt es freilich, zunächst der Frage nachzugehen, was Ratzinger unter Liebe versteht und wie er in seinem Denken Bindung und persönliche Freiheit miteinander in Einklang bringt.

Darüber hinaus – um noch ein weiteres Mal auf die erwähnte Stufung zurückzukommen – findet sich bei Ratzinger schließlich eine letzte Ebene der Freiheit: Als höchster Seinsstatus gilt für ihn die Partizipation an der „Sohnschaft", das heißt am Status des Sohnes als Hausherr und Erbe.[51] Diese Form der Freiheit sieht Ratzinger auf exemplarische Weise in der Person Jesu Christi verwirklicht, der folglich selbst zum Paradigma einer „Ontologie der Freiheit"[52] wird. Einheit, Hingabe, Liebe und Freiheit sind in Christus untrennbar miteinander verbunden, der so für uns zum Urbild des Menschseins und der Freiheit schlechthin wird. Die höchste Stufe der Freiheit bestünde demnach darin, so zu leben wie Christus, das heißt in der Heiligkeit.

50 Benedikt XVI., Ansprache beim Besuch des Römischen Priesterseminars anlässlich des Festes der „Muttergottes vom Vertrauen", 20. Februar 2009.

51 Vgl. Freiheit und Bindung in der Kirche, 441ff.; JRGS 8, 441ff.

52 Schauen auf den Durchbohrten, 78; siehe auch Communio: Eucharistie – Gemeinschaft – Sendung, 71; JRGS 8, 325, sowie Jesus von Nazareth, Zweiter Teil: Vom Einzug in Jerusalem bis zur Auferstehung, Freiburg i. Brsg.: Herder, 2011, 179-184; JRGS 6, 535-539 (wo Ratzinger die vollkommene Einheit zwischen menschlichem und göttlichem Willen in der Person Jesu Christi erläutert, ohne jedoch auf den Begriff „Ontologie der Freiheit" explizit zu sprechen zu kommen).

3 Anthropologie: Der Mensch auf dem Weg zur Freiheit

Die Frage, um die es uns im Folgenden gehen muss, lautet: Was ist der Mensch für Joseph Ratzinger und welche Rolle spielt die Freiheit innerhalb dieser seiner Auffassung vom Menschen? Um eine Antwort auf diese Frage zu finden, wollen wir uns zunächst denjenigen Spuren und Hinweisen zuwenden, die sich aus der menschlichen Alltagserfahrung ableiten lassen und auf die uns Ratzinger selbst verweist; von ihnen ausgehend wird es dann, in Verbindung mit einigen weiterführenden Überlegungen, möglich sein, die Anthropologie Joseph Ratzingers in ihren Grundzügen zu skizzieren.

3.1 Leben und Selbstüberschreitung

Ein erstes offensichtliches Charakteristikum des Menschen ist seine Eigenschaft als Lebewesen. Dies mag selbstverständlich klingen, ist aber nichtsdestoweniger von zentraler Bedeutung, weil es zu der wichtigen Feststellung Anlass gibt, dass zum Leben notgedrungen die Entwicklung gehört; Leben bedeutet die Aktualisierung und Entfaltung all dessen, was unser Wesen bereits *in potentia* ausmacht, was wir uns aber noch nicht *in actu* vollständig zu eigen gemacht und entwickelt haben.[53] Im Unterschied zum unbelebten Wesen, das in seiner Existenz bereits vollendet ist und von daher keine Veränderung mehr erfährt, bewegt sich das lebendige Wesen auf ein Ziel zu, das Ziel seiner eigenen Entfaltung, und diese Bewegung entspringt seinem innersten Wesen. Dieses Charakteristikum ist allen Lebewesen in allen Entwicklungsstadien – Pflanzen wie Tieren jeglicher Art – gemeinsam, weshalb die ‚Eigenbewegung' bereits seit den Anfängen der Philosophie als ein entscheidendes Merkmal des Lebens gilt. Wir sind dynamische, nicht statische Wesen, und diese Einsicht muss all unsere Überlegungen über den Menschen von Grund auf bestimmen. Alles in uns ist dazu ‚berufen', sich auf ein einziges Ziel hin zu entfalten, so dass alle Komponenten unserer Persönlichkeit, mit ihrer jeweils spezifischen Bestimmung, auf dieses gemeinsame Ziel hin konvergieren. Das Leben insgesamt erscheint somit als ein Prozess, ein Weg, den es zu beschreiten gilt, wobei alle untergeordneten Einzelprozesse in diesen Weg mit einbezogen sind.

53 Thomas von Aquin übernimmt diesen Gedanken aus der aristotelischen Tradition: „Jedes Geschöpf aber strebt nach Erreichung der eigenen Vollkommenheit" (Summa Theologica, I^a q. 44 a. 4 co., Deutsche Thomas-Ausgabe, Bd. 4, S. 16).

Hiervon ausgehend gilt es freilich zu fragen, ob diese Eigenbewegung bei allen Lebewesen dieselbe ist. Dabei muss zunächst auf das Verständnis des Begriffs ‚Natur' im weitesten Sinn verwiesen werden, als das, was ein jedes Wesen seinen jeweiligen Eigenschaften gemäß ausmacht. In unserem Falle bedeutet dies: Wir sind Menschen unter der Voraussetzung, dass es eine „in jedem Menschen liegende gemeinsame Wahrheit des einen Menschseins"[54] gibt, das heißt, eine menschliche Natur. Ratzinger ist sich der Notwendigkeit bewusst, dieses Konzept wieder neu in die aktuelle Debatte über den Menschen einzubringen, in Auseinandersetzung mit Positionen, die die Existenz einer menschlichen Natur entweder völlig leugnen oder diese in einem derart vagen Sinn verstehen, dass Natürliches und Übernatürliches nicht mehr voneinander unterschieden werden.[55] In diesem Zusammenhang schlägt er die Differenzierung zwischen zwei wichtigen Bedeutungsebenen vor: der mathematischen Natur – oder auch ‚bloßen' Natur – und der personalen Natur. Erstere unterliegt bestimmten feststehenden Gesetzmäßigkeiten, die für alle Individuen gleichermaßen gelten, und sie bewegt sich infolgedessen im Bereich der empirischen Wissenschaften. Ihr wichtigstes Merkmal ist das Unterworfensein unter eine innere Ordnung, durch die sie bestimmt wird und dank derer es möglich wird, Phänomene, die dieser Art von Natur angehören, wie etwa eine Sonnenfinsternis oder Zugvogelbewegungen innerhalb der Tierwelt, eindeutig vorherzusagen. In diesem Bereich gibt es für Neues oder Spontanes keinen Platz, weil seine Abläufe einem inneren ‚Muster' folgen, das zu jeder Zeit und an jedem Ort identisch ist, mit anderen Worten: „[D]er Gegenstand der Erfahrung [ist] nicht frei".[56] Gerade diese Qualität macht solche Phänomene freilich auch für den Menschen kontrollierbar. Dieser ersten Ebene des Begriffs Natur sind die rein materiellen Wirklichkeiten zuzuordnen, über die man eine empirische Erkenntnis bzw., wie Ratzinger es nennt, eine „funktionelle Wahrheit" gewinnen kann. Aber die Realität wird durch das empirische Begreifen nicht vollständig ausgeschöpft; dazu bedarf es der „Wahrheit selbst".[57]

Der Mensch unterliegt, insofern er ein körperliches Wesen ist, ebenfalls der Bestimmtheit durch die Gesetzmäßigkeiten der ‚mathematischen' bzw. biologischen Natur. Er ist jedoch keineswegs nur Körper, sondern wir finden in ihm gewisse Hand-

54 Freiheit und Wahrheit, 205.

55 Die erste Haltung sieht Ratzinger in bestimmten zeitgenössischen Positionen innerhalb der Theologie verwirklicht, die die Existenz einer menschlichen Natur ablehnen. Solche Positionen speisen sich ideologisch entweder aus dem marxistischen Materialismus, der die Wirklichkeit als bloße Tatsache betrachtet, die der Mensch durch sein Handeln verändern muss (Praxis), oder aus dem existenzialistischen Materialismus, der den Menschen auf sein unmittelbares Dasein reduziert und ihm von daher die Aufgabe überträgt, sich selbst zu erschaffen. Andererseits ist zunehmend eine naturalistische Haltung verbreitet, für die ‚dieses Leben' die einzige Wirklichkeit ist, weshalb jede weitere Unterscheidung – wie zum Beispiel diejenige zwischen natürlicher und übernatürlicher Wirklichkeit – sinnlos erscheint (vgl. Joseph Ratzinger, Gratia praesupponit naturam, in: Dogma und Verkündigung, Donauwörth: [4]2005, 157f.).

56 Theologische Prinzipienlehre (Kapitel „Glaube und Erfahrung"), 365.

57 „Ja wirklich, in der großartigen Mathematik der Schöpfung, die wir im genetischen Code des Menschen heute lesen können, vernehmen wir die Sprache Gottes. Aber leider nicht die ganze Sprache. Die funktionelle Wahrheit über den Menschen ist sichtbar geworden. Aber die Wahrheit über ihn selbst – wer er ist, woher er kommt, was er soll und was das Gute ist oder das Böse – die kann man leider auf solche Weise nicht lesen. Mit der wachsenden Erkenntnis der funktionellen Wahrheit scheint vielmehr eine zunehmende Erblindung für ‚die Wahrheit' selbst Hand in Hand zu gehen – für die Frage nach dem, was wir wirklich sind und was wir wirklich sollen" (Jesus von Nazareth, Zweiter Teil, 217; JRGS 6, 562).

lungen, wie etwa Zweifeln, Nachdenken oder Verzeihen, die sich durch diese Gesetzmäßigkeiten nicht eindeutig bestimmen lassen[58] und die folglich die Existenz von etwas belegen, das nicht auf die bloße Materie reduziert werden kann. Damit sind wir bei der zweiten wesentlichen Bedeutung des Begriffs ‚Natur' angelangt. Im Deutschen wird diese nicht auf die Materie reduzierbare Komponente schlichtweg ‚Geist' genannt;[59] man könnte für sie auch den Begriff ‚Geistseele' verwenden, wie dies etwa im spanischen Sprachraum bisweilen üblich ist.[60] Die Geistseele ist mit dem Körper nicht nur eng verbunden, sondern sie durchdringt ihn mit ihren jeweils spezifischen Eigenschaften, die ihren Besitzer zu einem einzigartigen und unverwechselbaren Subjekt machen; weit mehr als zum bloßen ‚Individuum', wird er durch sie zur personalen Realität. In der Natur des Menschen sind Materielles und Geistiges untrennbar miteinander verbunden; in ihr „[finden] Leib und Seele zu innerer Einheit".[61]

Der hl. Bonaventura, dessen anthropologische Überlegungen Ratzinger – besonders in seinem Aufsatz „Gratia praesupponit naturam" – übernimmt, argumentiert in dieselbe Richtung, wenn er den „Raum des eigentümlich Menschlichen"[62] als einen Zwischenraum zwischen zwei Welten beschreibt: der rein materiellen und der rein geistigen bzw. göttlichen Welt. Von der bloßen Materie unterscheidet sich der Mensch dadurch, dass der ‚Maßstab', dem seine Eigenbewegung, und damit sein Leben, unterliegt, nicht das Gesetz der Natur, sondern der ‚Wille' ist, der „zur menschlichen Natur gehört".[63] Im Gegensatz zur absoluten Freiheit Gottes aber, der die Gesetze der Natur verändern und Wunder wirken kann, beschränkt sich der Radius der Freiheit des Menschen auf diejenigen Mittel, die ihn dem Ziel seines eigenen Lebens näherbringen. Der freiwillige Akt ist als solcher genau zwischen dem rein natürlichen Lauf der Dinge und dem Wunder anzusiedeln.[64] Die menschliche Natur – einerseits ihrem Wesen nach geistig, jedoch zuinnerst mit dem Körper verbunden – stellt infolgedessen ein ganz eigenes Konzept dar. Indem Bonaventura sie oberhalb der ‚bloßen Natur' an-

58 Vgl. Theologische Prinzipienlehre, 366.

59 Der Geist wird in der Einführung in das Christentum „als das sich selbst verstehende Sein" (144; JRGS 4, 153) definiert; dieses ‚Sich-Selbst-Verstehen' folgt aus dem Besitz von Intelligenz und Urteilsfähigkeit, mit denen auch die Wahlfähigkeit eng verbunden ist. Nach dem hl. Thomas von Aquin ist daher die Freiheit eine logische Folge unserer Eigenschaft als geistbegabte Wesen: „Doch nur das, was Verstand hat, kann aus freiem Urteil handeln, insofern es den allgemeinen Charakter des Guten erkennt, woraus es urteilen kann, dieses oder jenes ist gut. Darum ist überall da, wo Verstand ist, freies Wahlvermögen" (Thomas von Aquin, Summa Theologica, I[a] q. 59 a. 3 co., Deutsche Thomas-Ausgabe, Bd. 4, S. 276).

60 Mit dem Begriff ‚Seele' wird in der klassischen Philosophie das Prinzip des Lebens, das alle Lebewesen beseelt, bezeichnet. Dabei werden drei Seinsstufen unterschieden: die vegetative, die sensitive und die rationale Seele, denen jeweils eigene Wesenszüge zukommen, die jedoch in den höheren Seinsstufen in zunehmendem Maße enthalten sind. So umfasst die sensitive Seele außer ihrem eigenen Vermögen auch das vegetative Vermögen; die rationale Seele schließlich umfasst alle drei Vermögen, bleibt aber dabei stets eine einzige Seele. Um in diesem Zusammenhang Missverständnisse auszuschließen, werden wir im Folgenden den Begriff ‚Geistseele' verwenden.

61 Enzyklika Deus caritas est, Nr. 5.

62 Gratia praesupponit naturam, 167.

63 Jesus von Nazareth, Zweiter Teil, 182; JRGS 6, 537. Die Übereinstimmung Ratzingers mit der Lehre Thomas von Aquins ist in diesem Punkt offenkundig (siehe etwa Summa Theologica, I[a] q. 41 a. 2 co.: „Der Wille ist also für jene Dinge Ursprungsgrund, die so oder anders sein können; für die Dinge aber, die nur so sein können, ist die Natur Ursprungsgrund", Deutsche Thomas-Ausgabe, Bd. 3, S. 269).

64 Vgl. Gratia praesupponit naturam, 166: „Der menschliche Wille wird als eine eigene Zwischenordnung zwischen bloßer Natur und Gottes eigener Freiheit aufgeführt".

siedelt, weist er auf eines ihrer wesentlichen Charakteristika hin: Ihr Wesen kann nicht aus sich selbst heraus erklärt werden, sondern es ist dazu bestimmt, aus sich selbst herauszutreten, sich selbst zu überschreiten, über das rein Natürliche des eigenen Ichs hinaus in eine andere Wirklichkeit einzutreten. So besteht die Spannung des menschlichen Wesens eben darin, dass es „außer sich sein muss, um bei sich sein zu können".[65] Bevor wir uns dem Gedanken zuwenden können, dass „die Kategorie des Geistes eben die Freiheit ist"[66], da gerade sie die geistige Natur des Menschen von der bloßen Natur unterscheidet, gilt es daher zunächst, auf die zentrale Bedeutung dieses ‚Sich-Selbst-Überschreitens' für das Wesen des Menschen ein wenig näher einzugehen.

Dazu müssen wir noch einmal zu jener spezifischen Dynamik des Lebens zurückkehren, mittels der alle seine Elemente auf ein gemeinsames Ziel hinstreben. Die menschliche Natur prägt dieser Dynamik, in allen ihren Dimensionen – besonders den höheren –, die oben beschriebene typische Spannung ein, durch die sie dazu neigt, aus sich selbst herauszutreten, um ihr inneres Ziel zu erreichen. Da das menschliche Leben einem geistigen Ziel zustrebt, übersteigt seine innere Dynamik die des bloß vegetativen und sensitiven Lebens, auch wenn sie beide voraussetzt: „Der Rubikon der Menschwerdung wird zunächst überschritten durch den Schritt vom Animal auf den Logos hin, vom bloßen Leben zum Geist"[67], das heißt, durch den Schritt von der Welt, die uns umgibt, hin auf das Absolute.[68] Diese Dynamik wird nur erkennbar, wenn alle existenziellen Dimensionen bzw. Kräfte in den Blick genommen werden, die den Menschen ausmachen – der ganze Mensch aus Körper und Geist.[69] Besonders wichtig sind dabei die höheren Vermögen, die gemeinsam die bekannte, auf Augustinus zurückgehende ‚Trinität' von Gedächtnis, Verstand und Wille (*memoria*, *intellectus*, *voluntas*) ausmachen oder, in Ratzingers Terminologie, „Verstand, Wille, Herz".[70] Von diesen drei Vermögen ist gerade das Herz dasjenige ‚Organ', das alle unseren menschlichen Kräfte und Fähigkeiten miteinander in Einklang bringt und so den Menschen befähigt, diejenigen Wirklichkeiten zu erfassen, die für die körperlichen Augen unsichtbar sind.[71]

Seiner eigenen Wirkung nach wird jedes höhere Vermögen des Menschen in dem Maße aktiv und gelangt zu seiner vollen Entfaltung, als es sich selbst transzendiert,

---

65 Theologische Prinzipienlehre, 179.

66 Gratia praesupponit naturam, 168.

67 Einführung in das Christentum, 221; JRGS 4, 218.

68 Vgl. Joseph Ratzinger, Was ist der Mensch? (Vortrag 1966/69, erstmals veröffentlicht in: Mitteilungen des Institut Papst Benedikt XVI. 1 [2008]), 43.

69 Vgl. Joseph Ratzinger, Die Kirche an der Schwelle des 3. Jahrtausends, in: Weggemeinschaft des Glaubens: Kirche als Communio, Augsburg 2002, 258; JRGS 8, 1253.

70 Ebd. Indem uns das Gedächtnis zum Erinnern befähigt, konfrontiert es den Menschen mit sich selbst. Deshalb sieht der hl. Augustinus in ihm das Zentrum der Seele. Für Ratzinger drückt sich diese Bedeutung der *memoria* in dem Begriff ‚Herz' aus.

71 Dies ist etwa im Hinblick auf die Erkenntnis Gottes der Fall, die für die Vernunft oder den Willen allein unzugänglich wäre, da sie *per se* eine Disposition der *gesamten* Person erfordert – die körperliche Dimension eingeschlossen –, mittels der der Mensch fähig wird, Gott zu erfassen: „Das Organ, mit dem man Gott sehen kann, ist das Herz: Der bloße Verstand genügt nicht; damit der Mensch wahrnehmungsfähig werde für Gott, müssen die Kräfte seiner Existenz zusammenwirken. Der Wille muss rein sein, und schon vorher der affektive Grund der Seele, der Verstand und Willen die Richtung vorgibt. Mit ‚Herz' ist gerade dieses innere Zusammenspiel der Wahrnehmungskräfte des Menschen gemeint, bei dem auch das rechte Ineinander von Leib und Seele mit im Spiel ist, das zur Ganzheit dieses Geschöpfes ‚Mensch' gehört" (Jesus von Nazareth, Erster Teil, 123; JRGS 6, 208f.).

indem es etwas außerhalb seiner selbst erkennt oder anstrebt. Dieses Phänomen wird in der Philosophie als ‚Intentionalität' oder „Gerichtetheit eines psychischen Aktes auf einen Sachverhalt"[72] bezeichnet. Wir haben bereits auf das Herz als die innerste Mitte der Person verwiesen. Was das intellektuelle Vermögen bzw. den Verstand anbelangt, so lässt sich feststellen, dass dieser nur zu seiner vollen Entfaltung gelangt, indem er das Intelligible, die inhärente Logik,[73] der ihm zugänglichen Realität erfasst; denn der Verstand ist darauf gerichtet, die Wahrheit zu erkennen, die das ihm zugeordnete Formalobjekt ist, dasjenige Objekt, mit dessen Besitz die Tätigkeit des Verstandes ihren Gipfelpunkt erreicht.[74] Würde er die Wahrheit nicht erkennen, bliebe er in sich unvollkommen. Das Eingangstor zu dieser Erkenntnis sind die Sinne, die das sinnliche Erkennen ermöglichen. Nach Ratzinger sind die Sinne bereits in sich selbst „Bewegung und Aufbruch über sich hinaus"[75], denn, indem sie uns mit der äußeren Wirklichkeit in Berührung bringen, setzen sie jene Dynamik der Selbstüberschreitung in Gang,[76] mittels der der Mensch das rein Sinnliche transzendiert, um ihm „die geistige Wahrheit zu entnehmen", die rationaler Natur ist.[77] Das Willensvermögen bzw. rationale Begehren bedarf ebenfalls eines Objekts, auf das hin es sich öffnen kann, wenn es sich in dem ihm eigenen Akt, dem Willensakt, betätigt. Zu seiner vollen Entfaltung gelangt der Wille dadurch, dass er sich auf das hin richtet, was ihm der Verstand als gut vorstellt, während er hingegen – analog zum Verstand – defizitär bliebe, würde er nach etwas anderem als dem Guten streben.[78] In der Tat hängt daher die Vollkommenheit eines jeden menschlichen Vermögens von der Vollkommenheit des Objekts ab, auf das es sich hin richtet.

---

72 Vgl. Carl F. Gethmann, Intentionalität, in: Enzyklopädie Philosophie und Wissenschaftstheorie, Bd. 2, hg. v. Jürgen Mittelstraß, Mannheim/ Wien/Zürich: 1984, 259-264.

73 Alles Seiende existiert in Bezug auf eine logische – und infolgedessen auch rationale – innere Struktur, die jedem Wesen seine konkrete Gestalt gibt und seit Platon und Aristoteles mit dem Begriff ‚Form' belegt ist. Im Falle derjenigen Wesen, die eine materielle Dimension besitzen, bestimmt die Form auch deren Materie, indem sie ihr eine spezifische, sichtbare Struktur gibt. Eben diese Form, durch die sich die einzelnen Wesen voneinander unterscheiden, kann, gerade weil sie in sich logisch ist, vom Verstand erfasst werden, weshalb sie auch als ‚intelligible Wesensform' bezeichnet wird. Daher kommt es, dass unser Erkenntnisvermögen sich dann entfaltet, wenn es – mittels des inneren Vorgangs der intellektuellen Erkenntnis – das Intelligible der Realität erfasst, das heißt, deren logische innere Struktur.

74 Ratzinger definiert die Erkenntnis der Wahrheit an einer Stelle folgendermaßen: „Wenn der Verstand eines Menschen eine Sache so widerspiegelt, wie sie in sich selber ist, dann hat der Mensch Wahrheit gefunden. Aber nur einen kleinen Ausschnitt aus dem, was wirklich ist – nicht die Wahrheit in ihrer Größe und als Ganze" (Jesus von Nazareth, Zweiter Teil, 215f.; JRGS 6, 561).

75 Jesus Christus heute, 65; JRGS 6, 980.

76 Ratzinger wendet diesen Gedanken auch auf den Glauben an: „Jedes menschliche Erkennen muss [...] notwendig Sinnesstruktur in sich tragen; es braucht [...] den Anfang in der Erfahrung, in der Wahrnehmung durch die Sinne. [...] Die Wirklichkeit ist Selbsttranszendierung, und wenn der Mensch darauf hingeführt wird, sie zu transzendieren, begreift er nicht nur Gott, sondern dann erst begreift er die Wirklichkeit und bringt sich wie die Schöpfung dahin, selbst zu sein. [...] Der Weg zum Glauben beginnt in der Sinneserfahrung, und die Sinneserfahrung als solche ist glaubenshaltig und transzendenzfähig" (Theologische Prinzipienlehre, 360-362).

77 Thomas von Aquin, Summa Theologica, I^{a} q. 91 a. 3 ad 3 („ut ex omnibus intelligibilem colligat veritatem"), Deutsche Thomas-Ausgabe, Bd. 7, S. 29.

78 Thomas von Aquin erläutert dies folgendermaßen: „Der Akt des Strebens aber erfolgt dadurch, dass das Verlangen zu einer äußeren Sache hingeneigt wird. Die Vollkommenheit eines Dinges hängt aber nicht von jedem Ding ab, wozu es hingeneigt wird, sondern bloß von einem höheren" (Summa Theologica, I^{a} q. 59 a. 3 ad 2, Deutsche Thomas-Ausgabe, Bd. 4, S. 277).

Wenden wir nun in einem weiteren Schritt diese Dynamik auf die gesamte Person an: Wenn das Ziel des Leibes die Geistseele und ihre Betätigung ist, wie Thomas von Aquin sagt,[79] und wenn deren Vermögen insofern zu ihrer vollen Entfaltung gelangen, als sie sich selbst überschreiten und das ihnen zugeordnete Objekt erlangen, dann gilt auch, dass die Person als Ganzes nur in dem Maß zu ihrer vollen Entfaltung gelangt, als sie sich selbst überschreitet und aus sich selbst heraustritt. Ihre Intentionalität muss sich unter Beteiligung aller ihrer Kräfte auf das hin ausrichten, was ihr Wesen zu seiner höchsten Vollendung führt, und sie muss dies in einer ganzheitlichen Art und Weise tun, das heißt, indem sie alle Gegensätze, die zwischen den jeweils angestrebten Einzelzielen bestehen mögen, überwindet.

Durch die Intentionalität entwickelt der Mensch eine besondere Beziehung zur Wirklichkeit. So tritt er etwa durch die Erkenntnis in eine besondere Beziehung zum Objekt dieser Erkenntnis ein, weshalb Aristoteles feststellen konnte, dass die rationale Seele, indem sie die Wirklichkeit auf intelligible Weise besitzt, in gewissem Sinne selbst „alles (Intelligible) wird“.[80] Ferner bringt jedes Erkennen zwischen Personen „ein Eingebundensein mit sich, eine innere Verbindung zwischen dem Erkennenden und dem Erkannten, auf mehr oder weniger tiefer Ebene: Man kann nicht erkennen ohne eine Seinsgemeinschaft“.[81] Wenn das Überschreiten im Akt des Erkennens eine Beziehung zum Objekt der Erkenntnis herstellt, dann stellt auch der Mensch in dem Maße Beziehungen her, als er sich selbst transzendiert.

Hinzu kommt, dass die menschlichen Seelenvermögen der Selbstüberschreitung bedürfen, um ihre Tätigkeit auf vollkommene Weise entfalten zu können. So sieht etwa Thomas von Aquin in der Tatsache, dass der Verstand durch eine Reihe von aufeinander folgenden Verstehensakten eine Gedankenkette unendlich fortsetzen kann, einen Hinweis auf das fundamentale Streben des Menschen, sich selbst bis ins Unendliche zu transzendieren.[82] Die Unendlichkeit ist dabei gleichsam in der Vernunftnatur des Menschen selbst angelegt, da diese unendlich viele Dinge erfassen kann.[83] Daher stellt Ratzinger fest: „Die Eröffnetheit auf das Ganze, aufs Unendliche hin, macht den Menschen aus. Der Mensch ist dadurch Mensch, dass er unendlich hinausreicht über sich, und er ist folglich umso mehr Mensch, je weniger er in sich verschlossen, ‚beschränkt‘ ist“.[84] Der Ausdruck „umso mehr Mensch“ verweist in diesem Zusammenhang auf die in allen Menschen angelegte Notwendigkeit, sich zu entwickeln und zu entfalten, die konkret wird in der Suche eines jeden Vermögens nach seinem spezifischen Objekt, das unendlich sein muss, wenn es in ihm zu seiner vollen Entfaltung gelangen will. Der Verstand gelangt in dem Maß zu seiner Fülle, als er – stets innerhalb der begrenzten Möglichkeiten menschlicher Erkenntnis – dasjenige Objekt erfasst, das die höchste Intelligibilität besitzt und am meisten

79 Vgl. Thomas von Aquin, Summa Theologica, I^a q. 91 a. 3 co., Deutsche Thomas-Ausgabe, Bd. 7, S. 27.
80 Aristoteles, Über die Seele, III, 5, zitiert nach: Philosophische Schriften, Bd. 6, übs. Willy Theiler, bearb. Horst Seidl, Hamburg: 1995, 76.
81 Benedikt XVI., Generalaudienz, 7. Dezember 2011.
82 Vgl. etwa Thomas von Aquin, Summa Theologica, I^a q. 28 a. 4 ad 2, Deutsche Thomas-Ausgabe, Bd. 3, S. 38.
83 Thomas von Aquin, Summa Theologica, I^a q. 91 a. 3. ad 2, Deutsche Thomas-Ausgabe, Bd. 7, S. 29: „rationali naturae, quae est infinitarum conceptionum“.
84 Einführung in das Christentum, 223f.; JRGS 4, 218.

erkenntniswürdig ist. Die höchste Entfaltung des Willens liegt im Festhalten am höchstmöglichen Guten. Auf die in diesen Fähigkeiten angelegte Dynamik des Strebens nach einer absoluten Wahrheit bzw. einem absoluten Guten beziehen sich letztlich Ratzingers häufige Anspielungen auf den inneren Durst nach Unendlichkeit, den jeder Mensch in sich verspürt – ein Durst nach definitiven und absoluten Antworten und nach einem höchsten Gut, das niemals enttäuscht und nie ausgeschöpft werden kann. Dieser Durst ist im Grunde nichts anderes als die dem Menschen von Geburt an innewohnende Sehnsucht nach wahrem Glück, die ihn so sehr umtreibt, dass Glücklichwerden für ihn „eine ebenso menschlich-natürliche wie übernatürliche ‚Pflicht'" ist.[85]

Das im Menschen angelegte Bedürfnis nach Selbstüberschreitung findet auch noch in einem weiteren Bereich seine Bestätigung: dem der menschlichen Leiblichkeit und ihrer Bedeutung. Obwohl unser leibliches Verfasstsein offen auf der Hand liegt, lässt es sich doch nicht aus sich selbst heraus erklären. Gerade die Einheit von Leib und Seele charakterisiert unsere Natur als ‚fleischgewordenen Geist' und führt zu einer inneren Spannung zwischen beiden Komponenten. Wie diese Spannung im Inneren einer jeden Person existiert, so lässt sie sich auch im Hinblick auf die gesamte Menschheit konstatieren – und dabei handelt es sich nicht um etwas Zufälliges, sondern um eine Wesenseigenschaft. Der Leib markiert zwar einerseits die räumliche Grenze zwischen den Menschen,[86] andererseits aber verbindet er uns unwillkürlich auch untereinander: „Leibhaftigkeit [besagt] das Abstammen voneinander"; „das Sein in Leiblichkeit" schließt „notwendig auch Geschichte und Gemeinschaft" mit ein.[87] In der Tat verbindet uns der Leib untrennbar mit jenen Menschen, von denen wir ihn empfangen haben; er stellt uns in ein Verhältnis der Abhängigkeit gegenüber unseren Vorfahren – aber nicht nur im Hinblick auf sie, sondern auch im Hinblick auf die gesamte Menschheit. Ebenso, wie wir nicht als voneinander isolierte Individuen zur Welt kommen, lässt sich auch unser Dasein nicht auf eine bloß individuelle Existenz reduzieren, die unabhängig von allen übrigen Menschen besteht. Die Sprache des Leibes verweist uns auf die gesamte Menschheit, und sie kündet uns von der Unabdingbarkeit interpersonaler Verbundenheit.

Diese offensichtliche Tatsache, die in unserer Leiblichkeit zum Ausdruck kommt, führt uns mit umso größerer Deutlichkeit zu der Einsicht, dass es sich beim Menschen um ein Wesen handelt, „das nur sein kann, indem es von anderen her ist".[88] Das Bedürfnis nach Transzendenz, das Streben danach, aus sich selbst herauszutreten, hat seinen Ursprung darin, dass der Mensch immer zunächst Empfangender ist – ein Empfangen, das ihn gewissermaßen zum Schuldner werden lässt. Das Annehmen unseres Leibes und letztendlich unseres gesamten Daseins als etwas Empfangenes, nicht von uns selbst Geschaffenes, verankert uns in der Realität unserer

85 Auf Christus schauen, 97; JRGS 4, 473.

86 Dieses Charakteristikum des Leibes als „dissoziierendes Prinzip" (Ratzinger, Einführung in das Christentum, 231; JRGS 4, 227) erinnert an das sogenannte ‚Individuationsprinzip' bei allen aus Materie und Form bestehenden Wesen. Thomas von Aquin und Albertus Magnus sehen, im Anschluss an die Lehre des Aristoteles, in der Materie das Prinzip der Distinktion zwischen körperlichen Wesen (vgl. Kuno Lorenz, Individuation, in: Enzyklopädie Philosophie und Wissenschaftstheorie, Bd. 2, hg. v. Jürgen Mittelstraß, 227-229, hier bes. 228).

87 Einführung in das Christentum, 231; JRGS 4, 227.

88 Ebd.

existenziellen Abhängigkeit, der „seinshaften, nicht moralischen Demut“[89], die alles, was ist und existiert, als etwas anerkennt, das wir empfangen haben. In diesem Sinne ist es eine Tatsache, dass „alles Wesentliche in unserem Leben [...] uns geschenkt worden [ist], ohne unser Zutun“[90], und dass jeder Mensch, wenn er sich selbst jenseits der stets trügerischen Oberfläche des äußeren Scheins betrachtet, seine Dürftigkeit und „radikale Bedürftigkeit“ eingestehen muss.[91] Zugleich ist diese Tatsache unvereinbar mit einer Haltung der Selbstgenügsamkeit und ‚Selbst-Schöpfung‘, die sich dem Geschenk des Daseins verschließt bzw. es nicht mehr als solches anerkennen will und auf diese Weise zur Wirklichkeit des menschlichen Seins in Widerspruch tritt.

Schließlich gibt es noch eine letzte Erfahrung, in der Ratzinger das Streben des Menschen hin zur Selbstüberschreitung erkennt: die Erfahrung der eigenen Begrenztheit, denn

> *„[d]ie Frage, die das Menschsein nicht bloß stellt, sondern ist, die Unabgeschlossenheit, die in ihm liegt, die Grenze, an die es stößt und die doch nach dem Unbegrenzten verlangt (etwa im Sinn von Nietzsches Wort, dass alle Lust Ewigkeit verlangt und sich doch als Augenblick erfährt), dieses Zugleich von Abgeschlossenheit und Verlangen nach dem Unbegrenzten und Offenen hat dem Menschen das Ruhen in sich selbst allezeit verwehrt, ihn spüren lassen, dass er sich selber nicht genügt, sondern nur zu sich kommt, indem er über sich hinauskommt und sich zubewegt auf das ganz Andere und unendlich Größere hin. Das Gleiche ließe sich noch einmal zeigen an der Thematik von Einsamkeit und Geborgenheit. [...] Wo der Mensch sein Alleinsein erfährt, erfährt er zugleich, wie sehr seine ganze Existenz ein Schrei nach dem Du ist und wie wenig er dazu gemacht ist, nur ein Ich in sich selbst zu sein.“*[92]

Letztendlich verweist also der gesamte Mensch mit seinen Potenzialitäten und innersten Sehnsüchten auf die Notwendigkeit, aus sich selbst herauszutreten und auf eine andere Person zuzugehen. Mit dieser Überschreitung des eigenen Ichs ist folgerichtig auch ein Hinauswachsen über sich selbst verbunden.[93] Das Wesen des Geistes wird nach Auffassung des Personalismus durch „das Über-sich-hinaus-Bezogensein“[94] konstituiert, was Ratzinger an anderer Stelle auf die Formel bringt: „[D]er Mensch ist das transzendenzfähige Wesen“[95], dasjenige Wesen, das nur durch die Verwiesenheit auf etwas anderes recht verstanden werden kann. Wie die Erde der

89 Im Anfang schuf Gott, 93.
90 Auf Christus schauen, 117; JRGS 4, 486.
91 Vgl. Theologische Prinzipienlehre, 371, wo Ratzinger im Zusammenhang mit dem Gespräch zwischen Jesus und der Samariterin am Jakobsbrunnen bemerkt: „Es geht nicht mehr um etwas, sondern um das Tiefste des eigenen Ich und damit um die radikale Bedürftigkeit, die das ‚Ich-selbst‘ des Menschen *ist*, wo es hinter den Vordergründigkeiten des Etwas schließlich aufgedeckt wird.“
92 Einführung in das Christentum, 97f.; JRGS 4, 109.
93 „[D]as Grundmuster menschlichen Seins [ist], die Selbstübersteigung“ (Theologische Prinzipienlehre, 368).
94 Gratia praesupponit naturam, 177.
95 Was ist der Mensch?, 43.

Sonne und das ganze Universum der Ordnung bedarf, damit dort Leben gedeihen kann, „so braucht auch der geistige Kosmos der Erde des Menschen das Licht von oben, die zusammenhaltende Kraft, die sie erst öffnet. […] Dies ist ein Auftrag für die Erde: nach oben zu leben, auf die Höhe zu leben, auf das, was hoch und groß ist, und dem Schwergewicht des Unten, des Zerfalls zu widersprechen“.[96]

Um noch einmal zum Anfangsgedanken von der inhärenten Dynamik des Lebens zurückzukehren: Die Grundstufe des rein ‚natürlichen‘ Lebens erscheint demnach beim Menschen lediglich als ein vorübergehendes Stadium, von dem aus er in einem graduellen Aufstieg zu immer größerer Entfaltung gelangt, bis er schließlich jene höchste Ebene erreicht, mit der zugleich ein Maximum an Transzendenz und Seinsfülle verbunden ist: die Ebene „des direkten Dialogs mit Gott“.[97] Dies entspricht eben dem, was Ratzinger als ein Grundgesetz menschlichen Lebens beschreibt: „Nur wer sich verliert, findet sich. Wer sich selbst festhalten will, sich nicht überschreitet, gerade der kommt nicht in sich selber. […] Dieses Grundgesetz des Menschenseins […] gilt für den ganzen Bereich unseres Verhältnisses zur Wirklichkeit.“[98]

3.2 Eine fundamentale Alternative

Diese „Wahrheit des Menschen“, wie Ratzinger sie nennt,[99] ist fundamental, denn allein ihre Annahme gibt der menschlichen Freiheit und ihrem Gebrauch eine definitive Ausrichtung, vor allem im Hinblick auf die zwischenmenschlichen Beziehungen. Sie markiert gewissermaßen die Grenze zwischen zwei grundlegenden Optionen, vor deren Wahl jeder Mensch von Anfang an gestellt ist: die Alternative zwischen einem Dasein als selbstgenügsamen Wesen, das keines anderen bedarf, und einem Dasein als Wesen, das seine Erfüllung erst aufgrund der notwendigen Beziehungen zu anderen erlangt. Die Haltung, die man angesichts dieser fundamentalen Alternative von grundsätzlicher Unabhängigkeit einerseits und der unbedingten Notwendigkeit der Selbstüberschreitung andererseits einnimmt, stellt die Voraussetzung zweier einander völlig entgegengesetzter Auffassungen von Freiheit dar.

In der Tat kommt niemand umhin, bezüglich des Wesens unserer Existenz, bezüglich der Wahrheit des Menschseins, eine von beiden Haltungen einzunehmen – eine Entscheidung, die letztlich auf die Alternative zwischen der Annahme unseres Daseins oder dessen Ablehnung hinausläuft: zwischen dem demütigen Empfangen von etwas, das es zu bewahren und wachsen zu lassen gilt, oder der selbstgenügsamen ‚Erschaffung‘ unserer selbst aus der Autonomie des isolierten, ohnmächtigen Ichs[100] heraus; zwischen der Anerkennung der menschlichen Person mit ihrem einzigarti-

96 Joseph Ratzinger, Gottes Glanz in unserer Zeit: Meditationen zum Kirchenjahr, Freiburg i. Brsg.: 2005, 57.
97 Gratia praesupponit naturam, 173.
98 Gottes Glanz in unserer Zeit, 56.
99 Freiheit und Wahrheit, 204.
100 Den Gedanken der Ohnmacht des isolierten Individuums formuliert Ratzinger an einer Stelle folgendermaßen: „Wer nur sich selbst erschaffen muss, kann im Grunde nur seine Ohnmacht entdecken. Er kann nur zu einem Roboter in einem übermächtigen All und in einer übermächtig ihn verplanenden Gesellschaft werden“ (Die Hoffnung des Senfkorns: Betrachtungen zu den zwölf Monaten des Jahres, Meitingen/Freising: ^{3}1978, 8; JRGS 4, 885).

gen Reichtum oder ihrer Ablehnung und Geringschätzung; zwischen der Ehrfurcht vor der Schöpfung als Frucht der Liebe oder dem Streben nach Macht, das für die in der Freiheit wurzelnde vorbehaltlose Liebe unfähig macht; zwischen einer Liebe, deren Streben nach Einheit sich in einer Haltung des Respekts gegenüber der Unterschiedlichkeit des anderen äußert, oder einer Liebe, die sich anmaßt, das Unterschiedliche selbst neu zu schaffen und zu absorbieren;[101] zwischen dem Ja zu Gott und seiner Einladung zur Transzendenz, in der wir uns selbst erst eigentlich finden, oder dem Nein zu Gott und Sich-Verschließen im eigenen Ich.[102] „Die Menschheit", so Joseph Ratzinger, „wird immer wieder vor dieser Alternative stehen: Ja zu dem Gott, der nur mit der Macht der Wahrheit und der Liebe wirkt, oder setzen auf Konkretes, Greifbares, auf die Gewalt."[103]

Dieser Alternative sieht sich die Philosophie aller Jahrhunderte gegenüber[104] – als Wegbereiterin jener Suche nach Wahrheit, zu der der Mensch berufen ist –, was sich an der Auseinandersetzung zwischen Sokrates und den Sophisten paradigmatisch zeigt.[105] In dieser Auseinandersetzung geht es im Letzten um die Alternative zwischen der Annahme einer Realität, die dem Menschen vorausgeht und die dieser erkennen kann und will, oder deren Verleugnung, dem Versuch, sie sich selbst zu ‚erschaffen' bzw. sie zu ‚manipulieren' und aus ihr persönlichen Nutzen zu ziehen. Hinter jeder Art der Rebellion gegen die erstere Haltung unter dem Deckmantel der Freiheit verbirgt sich in Wirklichkeit diese grundlegende Entscheidung: Haben oder Sein, Beherrschen oder Empfangen, sich misstrauisch vom anderen isolieren oder vertrauensvoll mit ihm zusammenarbeiten. Diese Alternative ist so bedeutsam, dass Ratzinger an vielen Stellen mit aller Deutlichkeit auf sie zurückkommt,[106] von denen eine hier ausführlicher zitiert sei:

---

101 Gerade die Annahme bzw. die Ablehnung des Personbegriffs stellt nach Ratzinger auch den entscheidenden Unterschied zwischen der christlichen und der fernöstlichen Mystik dar. Es geht um die Alternative, „ob das Göttliche, ‚Gott', ein Gegenüber zu uns ist, so dass das Letzte der Religion, des Menschseins, Beziehung – Liebe – ist, die Einheit wird, aber das Gegenüber von Ich und du nicht aufhebt – oder ob das Göttliche auch noch jenseits der Person liegt und das Ziel des Menschen das Einswerden und Aufgehen im All-Einen ist" (Joseph Ratzinger, Zwischenspiel, in: Glaube, Wahrheit, Toleranz: Das Christentum und die Weltreligionen, Freiburg i. Brsg.: [2]2003, 38).

102 Vgl. Gratiam praesupponit naturam, 168-170.

103 Jesus von Nazareth, Zweiter Teil, 221; JRGS 6, 565.

104 Die christliche Sicht des Daseins und der Wirklichkeit beruft sich lediglich auf eine wesentliche Einsicht, zu der die großen Denker aller Zeiten – christliche wie nicht christliche – gelangt sind: die Einsicht vom ontologischen Vorrang der Wirklichkeit, die ihre Vollendung durch die Offenbarung erfährt. In diesem Sinn schreibt Ratzinger: „Das Wesen christlicher Existenz aber ist es, das Dasein als Beziehentlichkeit zu empfangen und zu leben und so in jene Einheit einzutreten, die der tragende Grund des Wirklichen ist" (Einführung in das Christentum, 174; JRGS 4, 179).

105 Sokrates, der durch seine Haltung der Aufnahmebereitschaft gegenüber der Wahrheit „sich offenhält und ausschaut über sich hinaus", ist für Ratzinger das Vorbild eines Denkers, dessen Vernunft weit geworden ist (Glaube zwischen Vernunft und Gefühl, 128).

106 Obwohl diese Thematik unterschiedliche anthropologische Fragestellungen berührt, stellt sich diese Alternative für Ratzinger ganz besonders im Zusammenhang mit der Frage nach dem Ursprung des Menschen und der Schöpfung: Entweder stammt der Mensch aus Gott oder aus dem Nichts; entweder ist er Produkt einer rationalen Ordnung, die ihrerseits eine Folge der Liebe ist, oder des blinden, irrationalen, sinnlosen Zufalls, der dem Recht des Stärkeren den Vorrang geben würde, wie dies etwa in der bekannten Hobbesschen Formel *homo homini lupus* ausgedrückt ist. Vgl. dazu besonders Ratzingers Predigten über Schöpfung und Sündenfall (Im Anfang schuf Gott) sowie seine Überlegungen zum christlichen Glaubensbegriff in der Einführung in das Christentum, bes. 126-149; JRGS 4, 136-156).

> *„Den […] geschilderten Alternativen des Denkens entsprechen zwei Grundhaltungen als Alternativen des Lebens: die christliche Grundhaltung ist die einer seinshaften, nicht moralischen Demut – das Sein als Empfangen, sich selbst als Geschaffenen und von der ‚Liebe' Abhängigen anzunehmen. Dieser christlichen Demut der Anerkennung des Seins steht die so merkwürdig andere ‚Demut' der Seinsverachtung gegenüber: An sich ist der Mensch ja nichts, ein nackter Affe, eine besonders aggressive Ratte, aber wir können vielleicht noch etwas aus ihm machen. […] Die von der Neuzeit aufgerichtete grundlegende Alternative zwischen Liebe und Machen erweist sich so als identisch mit der Alternative zwischen Seinsvertrauen und Seinsskepsis (Seinsvergessenheit, Seinsabsage), die sich als Fortschrittsglaube, als Prinzip Hoffnung, als Prinzip Klassenkampf, kurz: als Kreativität gegen Creatio, als Welthervorbringung gegen das Sein der Schöpfung darstellt."*[107]

Unsere Überlegungen über die innere Dynamik des menschlichen Strebens nach Selbstüberschreitung und Entfaltung haben uns damit vor ein metaphysisches Problem gestellt: vor das Problem der Vorrangigkeit des Seins gegenüber dem Tun bzw. dem Haben.[108] Aus dem, was man ist, entspringt auch die Art und Weise, wie man handelt, so dass unser Handeln durch unser Sein bestimmt wird. Folglich ist – ontologisch gesehen – das Tun eine Folge des Seins.[109] Dieser ontologische Vorrang widerspricht keineswegs dem spezifischen Weg der Erkenntnis, durch den uns das Sein des Menschen zugänglich wird, denn, wie wir bereits in Bezug auf das geistige Leben des Menschen bemerkt haben, manifestiert sich das Sein eben im konkreten Handeln. Diese Ordnung entspricht der Art und Weise unseres Erkennens, unserem kognitiven Zugang zum Sein. Aber auch wenn wir uns dessen bewusst sind, bleibt dennoch offensichtlich, dass jeder Akt eine ‚Folge' des Wesens des in ihm handelnden Vermögens darstellt und nicht unabhängig von diesem entsteht. So ist etwa die Müdigkeit, die der Mensch nach einer Phase der intensiven Aktivität oder am Ende eines Tages verspürt, eine Konsequenz seiner Leiblichkeit, das heißt, sie ‚folgt' aus seinem Wesen, das in der substanziellen Einheit von Leib und Seele besteht. Analog könnte man auch über unsere Art und Weise des Erkennens sagen, dass sie der sinnlichen Erfahrung bedarf, um so, auf dem Weg der Abstraktion, Zugang zur intelligiblen Natur der Wirklichkeit zu erhalten.

Infolgedessen wäre es in gewisser Weise unsinnig, das eigene Handeln zum Selbstzweck zu erklären, so, als müssten wir durch unser Handeln erst beweisen, wer wir

107 Im Anfang schuf Gott, 93f.

108 Vgl. etwa Einführung in das Christentum, 251; JRGS 4, 245: „Vom christlichen Glauben her gilt demnach: Der Mensch kommt zutiefst nicht zu sich selbst durch das, was er tut, sondern durch das, was er empfängt."

109 Ratzinger bestätigt dies explizit in seinem Aufsatz „Freiheit und Bindung in der Kirche": „Erst aus dieser Unterschiedlichkeit des Seins folgt dann im gegebenen Zeitpunkt die unterschiedliche Weise des Tuns" (442; JRGS 8, 442). Die Priorität des Ontologischen spielt auch in seinen Überlegungen zum ethischen Handeln eine Rolle: „Die Ethik ist eine Folge des Seins: zuerst gibt uns der Herr ein neues Sein, das ist das große Geschenk; das Sein geht dem Handeln voraus, und diesem Sein folgt dann das Handeln, gleichsam eine organische Wirklichkeit, da wir das, was wir sind, auch in unserem Tun sein können […]. Somit handelt es sich nicht mehr um einen Gehorsam, um etwas Äußeres, sondern um eine Verwirklichung des Geschenks des neuen Seins" (Benedikt XVI., Ansprache bei der Lectio Divina im Päpstlichen Römischen Priesterseminar am Fest der Gottesmutter vom Vertrauen, 12. Februar 2010).

sind, während doch umgekehrt nur das Sein dem Handeln seinen inneren Sinn verleihen kann. Ersteres wäre zum Beispiel immer dort der Fall, wo wir reden um des Redens willen und nicht, um durch unser Wort etwas zu kommunizieren; denn das Wort wird erst in dem Augenblick sinnhaltig, wo es seine Sendung erfüllt. Ein Machenkönnen, dem jeglicher Referenzpunkt und jegliche Orientierung fehlt, vergleicht Ratzinger mit dem Verhalten „kurzsichtige[r] Toren"[110], die auf Sand bauen. Der Sinn kommt dem Menschen weder vom Haben noch vom Wissen her zu, sondern nur vom Sein selbst. Wir sind daher aufgefordert, „[d]en Pfeilflug unseres Daseins anzunehmen"[111], der allen anderen Aspekten unseres Lebens Orientierung verleiht: unserem Handeln, unserem Besitz, unseren Entscheidungen, etc.

Das Entdecken bzw. der Besitz von Sinn ist für unser Leben ganz offensichtlich von wesentlicher Bedeutung, vor allem im Hinblick auf unser persönliches Streben nach Glück.[112] In der Tat: Der Mensch kann zwar von Reichtum und Komfort umgeben sein, er kann die weitreichendsten wissenschaftlichen Erkenntnisse gewinnen, aber wenn ihm der Sinn im Leben fehlt – „das Brot, wovon der Mensch im Eigentlichen seines Menschseins besteht" –, dann kann er sich auch trotz all dieser Dinge zutiefst unglücklich fühlen und den Eindruck haben: „Ich kann nicht mehr".[113] Das Tun kann, da es eine Folge des Seins ist, aus sich selbst heraus keinen Sinn schaffen; entweder empfängt es denjenigen, der ihm vom Sein her zukommt, oder es bleibt eben sinnlos: „Sinn, der selbst gemacht ist, ist im Letzten kein Sinn. Sinn, das heißt der Boden, worauf unsere Existenz als ganze stehen und leben kann, kann nicht gemacht, sondern nur empfangen werden".[114] Der Anspruch, Sinn durch das Tun erst zu schaffen, unter Verzicht auf das Sein, oder indem man versucht, dieses neu zu erschaffen, setzt den moralischen Wert des Menschen aufs Spiel, der sich selbst betrügt, wenn er sein Dasein auf bloße Aktivität reduzieren will: „In allem, was er tut, tut er sich selbst. Darum ist er selbst, ist die Schöpfung, ist ihr Gut und Böse immer als sein Maß gegenwärtig und wenn er dieses Maß verneint, belügt er sich".[115] Das menschliche Tun, das durch seine innere Abhängigkeit vom Sein dieses nach außen hin manifestiert, wirkt in seiner moralischen Qualität auf zweierlei mögliche Weisen auf das Sein zurück: Es fördert entweder dessen maximale Entfaltung oder geschieht zu dessen Schaden. In diesem Sinn ist für den Menschen nur ein moralisches, nicht aber ein ontologisches Wachstum möglich. Durch unser Tun werden wir nicht mehr oder weniger als das, was wir bereits sind – ‚Personen'; aber je besser oder schlechter unser Handeln ist, desto mehr nähern wir uns in ihm der vollständigen Entfaltung unseres Seins an oder entfernen uns von ihr.

Es gilt, sich bewusst zu halten, dass einem jeden Wesen sein ontologischer Wert vom Sein her zukommt, dem das Handeln lediglich einen sekundären Wert hinzufügt: einen bestimmten Nutzen oder ein mehr oder weniger starkes moralisches Ge-

110 Dieses Dilemma wird vor allem im Bereich der Naturwissenschaften konkret: „Machenkönnen ist eines, Seinkönnen das Andere: Das Machenkönnen nützt nichts, wenn wir nicht wissen, wozu es dient, wenn wir nicht mehr fragen, wer wir sind und was die Wahrheit der Dinge ist" (Auf Christus schauen, 23; JRGS 4, 415).
111 Salz der Erde/Gott und die Welt, 392.
112 Vgl. Theologische Prinzipienlehre, 81.
113 Einführung in das Christentum, 65; JRGS 4, 83.
114 Ebd., 66; JRGS 4, 83.
115 Im Anfang schuf Gott, 70.

wicht. In Bezug auf den Menschen gilt ganz klar, dass seine Würde aus seinem Personsein entspringt, und dass alles Weitere, was daraus folgt, vom ontologischen Standpunkt her betrachtet, sekundär ist: Unabhängig von seinem Beruf oder seinem äußeren Erscheinungsbild ist jeder Mensch zuallererst Mensch. Allein von dieser Perspektive her ist es uns möglich, den anderen Menschen in seiner Verschiedenheit zu uns selbst als ein in sich wertvolles Wesen zu achten, mit dem wir zusammenarbeiten, anstatt in ihm einen potenziellen Konkurrenten zu sehen, der uns das, was wir vergeblich durch unser Tun zu erlangen suchen, ‚wegnehmen' will. Der Blick auf das Sein ist infolgedessen die Voraussetzung, um die Gesellschaft als Einheit zu begreifen, die dank der gegenseitigen Zusammenarbeit aller ihrer Glieder nach einem gemeinsamen Ziel strebt. Die persönlichen Unterschiede werden auf diese Weise in ein Ganzes integriert, dessen einander gegenseitig ergänzende Konstituenten in ihrem Ziel konvergieren. Fehlt freilich dieser Blick, so sieht ein jeder im anderen nicht mehr das Sein, das beide miteinander vereint, sondern die Funktion oder die Tätigkeit, die sie voneinander unterscheidet. Die Folge daraus kann eine Konstellation sein, in der die gegenseitige Zusammenarbeit nicht nur abnimmt, sondern sogar in unversöhnlichen Gegensatz umschlägt. Wenn die Individualität des Menschen in übertriebener Weise gegenüber seiner sozialen oder gemeinschaftlichen Dimension betont wird, so ergeben sich unvermeidlich Kollisionen zwischen den ‚individuellen Freiheiten' der Einzelnen, die dann als inkompatibel und als wechselseitige Bedrohung wahrgenommen werden. Unfähig, die wahre Liebe zu leben, zieht sich der einzelne Mensch infolgedessen in sein eigenes Ich zurück, anstatt aus sich selbst herauszutreten und sich für die Mitmenschen zu öffnen. Daher ist es dringend notwendig, die Würde der menschlichen Person wieder neu zu entdecken, die „mehr ist als das Individuum" und gerade deshalb einmalig und unwiederholbar.[116]

Wenn wir dieses gedankliche Schema schließlich auf die Freiheit anwenden, folgt daraus, dass der Mensch immer dann, wenn er seine Freiheit als Selbstzweck, ohne jeglichen Referenzpunkt, gebraucht, zu sich selbst in Widerspruch tritt, woraus nicht nur persönlicher Sinnverlust, sondern bisweilen sogar Verletzungen der Menschenwürde entstehen.[117] Kurzum, es gehört zur Wahrheit des Menschen, dass seine Fähigkeit zur Selbstbestimmung und zur freien Entscheidung kein Absolutum, sondern ein Mittel darstellt, das als solches dem Sinn des menschlichen Lebens dienen muss. Gerade aufgrund des eben erörterten Vorrangs des Seins vor dem Tun bedarf der Gebrauch der menschlichen Freiheit eines objektiven Maßstabs; die Freiheit kann allein vom Wesen des Menschen her gedacht werden. Die Anerkennung dieser Tatsache führt zum wahren Realismus, der die unabdingbare Voraussetzung für ein sinnerfülltes Leben darstellt – für ein Leben, das jener Freude gegenüber offen ist, die aus dem Empfangen und der höchsten Fülle des Seins entspringt.

---

116 Einführung in das Christentum, 148f.; JRGS 4, 156.

117 In verschiedenen modernen Gesellschaften ist es bereits zu Konstellationen gekommen, in denen dem Menschen sein Wert oder seine Würde von bestimmten Gesetzen her ‚zugesprochen' werden, die ihn dabei jeweils nach seinem Nutzen, seiner Produktivität oder seinem Gesundheitszustand beurteilen. Daran wird unmissverständlich deutlich, wie sehr der Mensch sich selbst in Gefahr bringt, sobald er den objektiven Wert des Lebens nicht mehr beachtet.

3.3 Der Mensch als Beziehungswesen: Der Weg der Liebe

Wenn wir mit unseren Überlegungen nun einen Schritt weiter gehen, wird deutlich, dass die Notwendigkeit der Selbstüberschreitung und die Priorität des empfangenen Seins gegenüber dem Tun innerhalb der menschlichen Person mit einem weiteren grundsätzlichen Charakteristikum verbunden sind: der Tatsache, dass der Mensch „nicht auf Isolation, sondern auf Beziehung angelegt ist".[118] In der Tat gehört es zum Menschen, dass er ein relationales Wesen ist. Dieses Faktum kommt für Ratzinger besonders ausdrucksstark in einem Bild zur Geltung, das auch für die Analyse der menschlichen Freiheit gewisse Implikationen hat: im Bild der Beziehung zwischen Mutter und Kind im Mutterschoß. Die gemeinsame Existenz zweier Wesen in enger Verbindung miteinander und die eindeutige Abhängigkeit des Kindes von der Mutter sind im Grunde genommen ein Spiegelbild des Wesens menschlicher Existenz an sich: „Auch für den Erwachsenen gilt, dass er nur mit dem anderen und von ihm her sein kann und so immerfort auf jenes Für-Sein angewiesen ist, das er gerade ausschließen möchte."[119] Es ist gerade die zweifache Konstellation aus dem Besitz des eigenen Seins trotz völliger Abhängigkeit seitens des Kindes – denn das Kind lebt ja mit seiner Mutter in einer Verbindung, „die doch seine Andersheit nicht aufhebt und sein Selbstsein nicht zu bestreiten gestattet"[120] – und dem notwendigen Sich-Verschenken seitens der Mutter an das von ihr abhängige Wesen, die uns in diesem Bild die gegenseitige Beziehung von ‚Sein Von' und ‚Sein Für'[121] greifbar vor Augen führt. Der Begriff ‚Sein Für' bezeichnet eine radikale Form der Selbstüberschreitung, die ihr Gegenstück im ‚Sein Von' findet: Beide Dimensionen gehören wesentlich zur Natur des Menschen. Die Mutter-Kind-Beziehung wird auf diese Weise zur „anthropologische[n] Figur"[122], in der deutlich wird, dass die Relationalität für uns nicht etwa nur eine mögliche Option unter vielen ist, die nur den ‚Großherzigsten' vorbehalten wäre, sondern eine derart essenzielle Dimension des Menschseins darstellt, dass der Verzicht auf sie mit einem Verzicht auf den Menschen selbst, sein eigentliches Wesen, gleichzusetzen wäre. Deshalb gehört das Verwiesensein des Menschen auf den anderen von Anfang an unabdingbar zu seiner Person: „Die Mutter teilt dem Kind nicht nur physisch das Leben zu, sondern erst indem sie das Weinen des Kindes im Lächeln aufnimmt und verwandelt, gibt sie es ihm vollends. Erst indem das Leben angenommen wird und sich als angenommenes vorfindet, wird es annehmbar."[123]

Die Relationalität der Person entspricht in ihrer Dynamik der Überwindung des biologischen Schwergewichts, der ‚bloßen Natur'. Durch die Integration der biologischen Natur in die Einheit des Seins ‚steigt' man auf diese Weise ‚hinauf' bis zur menschlichen Natur, welche sich gerade aufgrund ihrer Beziehungsbedürftigkeit, die das menschliche „Leben im wahren Sinn" erst ausmacht, von den Tieren

118 Freiheit und Befreiung, 414; JRGS 10, 568; vgl. auch Salz der Erde/Gott und die Welt, 390.
119 Freiheit und Wahrheit, 199.
120 Ebd.
121 „[D]ieses Selbersein ist auf radikale Weise ein Sein vom anderen, durch den anderen; umgekehrt wird das Sein des anderen – der Mutter – durch dieses Mitsein ins Für-Sein gedrängt" (ebd.).
122 Ebd.
123 Theologische Prinzipienlehre, 83.

unterscheidet,[124] die der anderen nicht mehr bedürfen, sobald sie das Erwachsenenalter erreicht haben. In einem weiteren Bild – dem des Nestes – bringt Ratzinger das Biologische und das Personale als aufeinander aufbauende Stufen des Personseins miteinander in Verbindung. Aufgrund seiner inneren Dynamik muss das Sein schrittweise die verschiedenen Stadien des Wachstums durchlaufen, bis hin zu seiner höchsten Entfaltung:

> *„Der Mensch ist [...] kein Nestflüchter, sondern ein Nesthocker. Rein biologisch gesehen ist die menschliche Rasse so beschaffen, dass der erweiterte Mutterschoß der Liebe von Vater und Mutter erhalten bleiben muss, damit über das erste biologische Stadium hinaus das weitere Hineinwachsen ins Menschsein ermöglicht wird. Der Mutterschoß der Familie ist quasi eine Existenzbedingung. Insofern zeigt sich hier von der Natur her selbst das Urgesicht des Menschseins. Es bedarf einer bleibenden Bindung aneinander. In dieser Bindung geben Mann und Frau zunächst sich selbst – und dann sich auch den Kindern, damit auch sie in das Gesetz der Liebe, des Sichgebens, des Sichverlierens hineinfinden. Bei den Nesthockern braucht es eben die nachgeburtliche Treue.“*[125]

Sowohl das Bild des Mutterschoßes als auch das des Nestes lassen die Zerbrechlichkeit und Hilfsbedürftigkeit des Wesens, das sich in ihrem jeweiligen Inneren verbirgt, deutlich zu Tage treten. Die eigenen Artgenossen bilden gleichsam die Atmosphäre, derer es, wenn auch unbewusst, bedarf, um leben zu können. Eben die Notwendigkeit einer solchen Atmosphäre, die während der ersten Stadien des Lebens derart offensichtlich erscheint, überträgt Ratzinger nun in einem zweiten Schritt auch auf das gesamte menschliche Leben.[126] Der Mensch, so schreibt er, „ist kein autarkes, in sich allein gerundetes Wesen, keine Insel des Seins, sondern seinem Wesen nach Beziehung“.[127] Und an anderer Stelle. „Kein Mensch [ist] eine geschlossene Monade [...]. Unsere Existenzen greifen ineinander, sind durch vielfältige Interaktionen mit einander verbunden“.[128] Das in Folge unserer Relationalität bestehende Netzwerk – „ein Netz gegenseitiger Abhängigkeit, das zugleich ein Netz gegenseitiger Verbundenheit, des Sich-Tragens und Getragenwerdens

---

124 Enzyklika Spe salvi, Nr. 27. Vgl. ebenfalls Freiheit und Befreiung, 416; JRGS 10, 571.

125 Salz der Erde/Gott und die Welt, 447.

126 Nicht nur der anfängliche Empfang unseres Lebens und Daseins verweist uns auf die anderen, sondern wir empfangen in gewisser Weise während des ganzen Lebens unser Dasein immer wieder neu von ihnen. Daher lautet die kategorische Feststellung Ratzingers: „Wir müssen uns wieder klarmachen, dass kein Mensch in sich selbst geschlossen ist, dass keiner von sich allein und für sich allein leben kann. Wir empfangen unser Leben nicht nur im Augenblick der Geburt, sondern jeden Tag von außen her, vom anderen, von dem, was nicht mein Ich ist, und doch ihm zugehört. Der Mensch hat sein Selbst nicht nur in sich, sondern auch außer sich: Er lebt in denen, die er liebt; in denen, von denen er lebt und für die er da ist. Der Mensch ist Beziehung und er hat sein Leben, sich selbst, nur in der Weise der Beziehung. Ich allein bin gar nicht ich, sondern nur im Du und am Du bin ich Ich-selbst. Wahrhaft Mensch sein heißt: in der Beziehung der Liebe, des Von und des Für stehen“ (Im Anfang schuf Gott, 72).

127 Salz der Erde/Gott und die Welt, 391.

128 Enzyklika Spe salvi, Nr. 48. Dieser zentrale Gedanke wird von Ratzinger detailliert im ersten Teil seines Exkurses „Strukturen des Christlichen“ in der Einführung in das Christentum (230-236; JRGS 4, 226-232) entwickelt.

ist"[129] – konstituiert auf diese Weise unsere „anthropologische Grundstruktur" und sollte ebenso auch einer jeden sozialen Struktur zu Grunde liegen, die im Dienst an der Person steht. Mit diesen Überlegungen sind wir beim Kern von Ratzingers Verständnis der menschlichen Person angelangt, der zugleich auch der Kern der Anthropologie des Zweiten Vatikanischen Konzils und des vom Konzil inspirierten anthropologischen Denkens ist.[130]

Ratzinger geht noch einen Schritt weiter in der Charakterisierung der menschlichen Relationalität, wenn er von ihr aussagt, dass sie die „innere Idee"[131] des Menschen ausmache. Dieser Begriff birgt in sich etwas von der Exemplarizität der platonischen Idee, welche das Sein, indem sie als dessen formale Ursache fungiert, gewissermaßen von innen her konstituiert und, indem sie ihm sein Ziel vorgibt, dessen gegenwärtiger Existenz Richtung und Orientierung verleiht. Der Ideenbegriff nimmt jedoch in unserem Fall, da er sich auf die Person bezieht, zugleich auch eine neue Dimension an. Wir sind von Natur aus auf Beziehung angelegt und zeichnen uns damit durch eine Art „allgemeine ontologische Brüderlichkeit"[132] aus, mittels derer wir uns gegenseitig dazu verhelfen, jenen Zustand der Fülle personalen Seins zu erreichen, in welchem wir durch die Entfaltung der Relationalität die rein biologische Ebene überschreiten. Nur durch die Verbindung mit anderen gelangt unser Personsein zur Vollendung:

> *„Der Mensch ist das merkwürdige Wesen, das nicht nur der physischen Geburt, sondern der Gutheißung bedarf, um bestehen zu können. [...] Wenn das erste Einverständnis mit dem Dasein versagt ist, wenn jenes psycho-physische Einssein zerrissen ist, durch das mit dem Leben das ‚Ja, es ist gut, dass du lebst' tief in den Grund des Unbewussten hinabsinkt – dann ist die Geburt selbst unterbrochen, das Dasein nicht völlig konstituiert."*[133]

Wenn dem so ist, dann tragen allein die persönlichen Begegnungen, die aus der Liebe entspringen und von ihr getragen sind, auf wirksame Weise dazu bei, dass unser Leben einen tragfähigen Sinn erhält.[134] Unser relationales Wesen braucht das Du, um sich selbst als ein gesundes und reifes Ich bejahen zu können; es kann sich selbst annehmen, weil es sich von anderen um seiner selbst willen angenommen

129 Auf Christus schauen, 32; JRGS 4, 422.

130 In seinem Beitrag „Das Menschenbild des Konzils in seiner Bedeutung für die Bildung" spricht Ratzinger von einer regelrechten „Entdeckung der Person" während des Konzils, was sich am allmählichen Sich-Durchsetzen und der zunehmend bedeutsameren Rolle des personalistischen Menschenbildes gegenüber dem naturalistischen gezeigt habe, besonders in Bezug auf den Sinn und Zweck der Ehe. Indem diese neue Sicht den Menschen „weniger von seinem Sein her als vom mitmenschlichen Relationsgefüge aus begreift", ohne dabei die menschliche Natur als solche zu leugnen, wird das Naturrecht ‚personaler' und die soziale Verantwortung erscheint als integraler Teil des Ambientes einer jeden Person (Das Menschenbild des Konzils in seiner Bedeutung für die Bildung, 48; JRGS 7, 874).

131 Salz der Erde/Gott und die Welt, 392.

132 Die anthropologischen Grundlagen der Bruderliebe, JRGS 8, 114.

133 Theologische Prinzipienlehre, 83.

134 Das Empfangen von Liebe lässt uns den Sinn unseres Lebens entdecken und befähigt uns, etwas Wertvolles aus ihm zu machen, denn „[w]enn ein Mensch einem Einzelnen, einem Einzigen durch seine Liebe Sinn zu geben vermochte, hat sich sein Leben unendlich gelohnt. Und immer wird es so bleiben, dass Menschen davon leben, dass ihnen solche sinngebende Liebe begegnet – in allen Verhältnissen wird das gelten" (Die anthropologischen Grundlagen der Bruderliebe, JRGS 8, 116).

weiß, unabhängig von seinem Handeln oder Besitz. Bei alledem – das gilt es an dieser Stelle noch einmal zu betonen – bezieht sich Ratzinger selbstverständlich auf die Entfaltung des ‚höheren Seins' bzw. des ‚personalen' Lebens:

> *„Die biologische Geburt reicht nicht aus: Der Mensch kann sein Ich nur annehmen in der Kraft der Gutheißung seines Seins, die von einem anderen – vom Du – herkommt. Dieses Ja des Liebenden teilt ihm seine Existenz in einer neuen und endgültigen Weise zu. Er empfängt darin eine Art Wiedergeburt, ohne die seine Geburt unvollständig bliebe und ihn im Widerspruch mit sich selbst zurückließe. Man braucht, um die Gültigkeit dieser Aussage bekräftigt zu finden, nur an die Lebensgeschichte von Menschen zu denken, die in den ersten Monaten ihres Daseins von den Eltern verlassen und nicht von einer Liebe aufgenommen worden sind, die ihr Leben bejahte und umfing. Erst die Wiedergeburt im Geliebtwerden vollendet die Geburt und eröffnet dem Menschen den Raum sinnerfüllten Daseins."*[135]

Der Schlüssel unserer Existenz liegt in dem, was die Annahme des Ichs als solches allererst ermöglicht: das Vorhandensein eines Du, von dem das Ich sich unentgeltlich geliebt weiß. Dieser Schlüssel ist folglich nichts anderes als die wahre Liebe – eine Liebe, die nur möglich wird, wenn beide, das Ich und das Du, sich selbst überschreiten. Das Du tut dies, indem es aus sich heraustritt und den anderen um seiner selbst willen bejaht, das Ich, indem es das Geliebtsein durch den anderen annimmt, sich ihm öffnet und dessen Liebe aus freien Stücken empfängt. Auf diese Weise tritt das Ich ebenfalls aus sich selbst heraus und überlässt den Mittelpunkt des eigenen Seins dem Du, von dem es sich geliebt und angenommen weiß. So entsteht eine doppelte Bewegung der gegenseitigen Annahme und Offenheit auf den anderen hin, das heißt, eine doppelte Selbstüberschreitung. Um empfangen zu können, muss man sich zuerst öffnen und verschenken und umgekehrt muss man, um geben zu können, zuerst empfangen haben.[136]

„Das Ich ist in seinem tiefsten Wesen immer auf das Du bezogen und umgekehrt: wirkliche Beziehung, die ‚Kommunion' wird, kann nur in der Tiefe der Person geboren werden."[137] Es manifestiert sich hier eine im Menschen tief verwurzelte Grundwahrheit: Nur die Liebe verleiht dem Leben echten Sinn und öffnet dem Menschen das Tor zum Glück. In der Tat ist die Liebe, insofern sie sich als das Ziel des Lebens erweist, der Schlüssel zum Verständnis von Ratzingers Werk: „Liebe ist tatsächlich das Grundgesetz und das Grundziel des Lebens"[138], und weil

135 Auf Christus schauen, 90; JRGS 4, 467f.

136 Vgl. Theologische Prinzipienlehre, 83f.: „Damit der Mensch sich annehmen kann, muss ihm gesagt sein: gut, dass du bist – gesagt nicht mit Worten, sondern mit jenem ganzen Akt der Existenz, den wir Liebe nennen. Deren Wesen ist es ja, die Existenz des anderen zu wollen, sie gleichsam noch einmal hervorzubringen. Der Schlüssel zum Ich liegt beim Du; der Weg zum Du führt über das Ich."

137 Auf Christus schauen, 39; JRGS 4, 428.

138 Salz der Erde/Gott und die Welt, 454.

sie der Natur des Menschen als Gebot[139] eingeschrieben ist, stellt sie auch das entscheidende Kriterium für den Wert allen menschlichen Lebens dar.[140] Daher kommt es auch, dass ihre Abwesenheit oder ihr Verlust für den Menschen eine Quelle des Leidens ist, denn „[d]ie Angst aller Ängste ist [...] die Furcht vor dem Ungeliebtsein, dem Verlust der Liebe; Verzweiflung ist daher die Überzeugung, für immer aller Liebe verlustig gegangen zu sein, das Grauen der totalen Einsamkeit".[141] Die Erfahrung der Einsamkeit erklärt sich eben daher, „dass mein Dasein nicht angenommen ist durch Liebe, die es notwendig macht und die stark genug ist, es durch den Schmerz und alle übrigen Begrenzungen hindurch zu rechtfertigen".[142] Die Lieblosigkeit wäre demnach genau das Gegenteil der höchsten Entfaltung unseres Personseins, da sie jene zweite Geburt, die den Schritt vom bloß Biologischen hin zum Persönlichen konstituiert, verhindern würde.[143] Der Gegensatz zwischen beiden Dimensionen zeigt sich unmissverständlich in der Tatsache, dass die Liebe – im Gegensatz zu den rein biologisch determinierten Vorgängen – vollkommen unentgeltlich ist und daher weder erzwungen noch kontrolliert werden kann. Lieben heißt, gerade darauf zu verzichten, den anderen Menschen beherrschen oder vereinnahmen zu wollen, ihn als bloßes Besitzobjekt zu betrachten,[144] sondern im Gegenteil, vertrauensvoll darauf zu warten, dass der andere sein Ja der Annahme zu uns spricht. Und gerade, weil dieses Ja nicht erzwungen werden kann, sondern unentgeltlich ist, ist es unendlich wertvoll, denn es setzt Freiheit voraus und respektiert diese. Lieben setzt in diesem Sinne „den Menschen sozusagen in seiner Ganzheit"[145] voraus, einen Menschen, der alle seine Kräfte einbringt: Verstand, Willen und Gefühl.

Diese Ausrichtung des persönlichen Daseins auf den anderen durch die Liebe erlaubt es uns, jene ontologische Seinsfülle recht zu erfassen, in der die Würde der Person begründet liegt. Wer den Menschen aufgrund seines Seins, das heißt aufgrund seiner realen Würde, achtet, kann dies nur, wenn er den Blick auf dessen Wesen richtet. Eine solche Liebe meint die Person an sich, ihren innersten Kern, ohne bei ihren Eigenschaften und Schwächen, die ja nur sekundär sind, stehen zu bleiben. Sie ist fähig, in jedem Menschen nicht ein Mittel zum Zweck, sondern einen Zweck in sich selbst zu sehen, dem als solchem eine unendlich wertvolle Bestimmung zukommt und der sich folglich nicht in oberflächlichen Beziehungen erschöpfen kann, weil seine existenziellen Fragen nach einer persönlichen, nicht

139 Dieses existenzielle Gebot ist der Grund für die Existenz zahlreicher Organisationen, die sich für das Wohl des Menschen einsetzen, und es wird ferner stets neu bekräftigt durch die „Gegenwart des Christentums in der Welt, die diesen in der Geschichte oft tief verdunkelten Imperativ immer wieder weckt und zur Wirkung bringt" (Enzyklika Deus caritas est, Nr. 31).

140 Vgl. ebd., Nr. 15.

141 Auf Christus schauen, 70; JRGS 4, 452.

142 Theologische Prinzipienlehre, 54.

143 Vgl. etwa Enzyklika Deus caritas est, Nr. 28: „Wer die Liebe abschaffen will, ist dabei, den Menschen als Menschen abzuschaffen".

144 Eine solche Herabwürdigung der Person zum bloßen Objekt zeigt sich etwa in der Degradierung des „Eros" zum bloßen „Sex". In ihr sehen wir uns einer „Entwürdigung des menschlichen Leibes" gegenüber, „der nicht mehr ins Ganze der Freiheit unserer Existenz integriert, nicht mehr lebendiger Ausdruck der Ganzheit unseres Seins ist, sondern gleichsam ins bloß Biologische zurückgestoßen wird" (ebd., Nr. 5).

145 Ebd., Nr. 17.

nach vorgefertigten Antworten verlangen. Diese Antwort kann nur die Liebe geben. Wie weit entwickelt daher die Sozialhilfe auch immer sein mag, nie wird sie die echten persönlichen Beziehungen ersetzen können, die aus der Liebe entspringen.[146]

Diese Liebe, die fähig ist, den anderen um seiner selbst willen zu lieben, kann weder mit einem spontan überspringenden Funken des Gefühls[147] noch mit dem Streben nach Genuss oder Nutzen im anderen identisch sein. In keinem von beiden Fällen vollzöge sich eine vollkommene Selbstüberschreitung, da das eigentliche Zentrum des Liebesimpulses nicht im Du, sondern im Ich läge, das sich selbst, bzw. seinen eigenen Genuss oder Nutzen, im anderen sucht. Es geschähe somit kein vollständiges Heraustreten aus sich selbst zum anderen hin, kein ‚Für', sondern das Ich träte nur für einen Augenblick aus sich heraus, um sich dann sofort wieder in sich selbst zurückzuziehen, ähnlich wie ein Bumerang, der immer wieder zu demjenigen zurückkehrt, der ihn wirft. Eine solche Liebe wäre noch nicht die eigentliche Liebe.[148]

Der Unterschied zwischen beiden Regungen entspricht dem Unterschied zwischen der sogenannten begehrenden Liebe (*amor concupiscentiae*) und der schenkenden Liebe (*amor benevolentiae* bzw. *amor amicitiae*); beide lassen sich in unserem Fall „niemals ganz voneinander trennen", sondern sie müssen in unterschiedlichen Dimensionen in eine „rechte Einheit miteinander treten".[149] Beide, wenn auch ihren jeweiligen Eigenschaften nach auf verschiedene Weise, bringen die der Liebe eigenen Wirkungen hervor: Vereinigung zwischen Liebendem und Geliebtem, gegenseitige Empathie, Ekstase und Eifer für das Wohl des anderen.[150] Diese Effekte, auf die auch Ratzinger hinweist, bedürfen eigentlich kaum der Erklärung, denn die Liebe strebt nach der Vereinigung zwischen den Liebenden, nach einer tiefen Einheit von Gefühl, Willen und Geschmack, d. h. nach gegenseitiger Empathie, sie neigt dazu, den Geliebten zu suchen, indem sie aus sich heraustritt – eben das meint der Begriff ‚Ekstase' –, und sie strebt leidenschaftlich danach, alle Hindernisse zu überwinden, die dem Wohl des Geliebten entgegenstehen. Die gemeinsame Ursache aller dieser Wirkungen ist das natürliche Hingezogensein der Liebe zum geliebten Gut. Gerade durch seinen inneren Reichtum bringt jedes Gut eine Art ‚Explosion' des Guten hervor, deren Wirkung sich unwillkürlich ausbreitet,

146 Vgl. Die anthropologischen Grundlagen der Bruderliebe, JRGS 8, 115.

147 Vgl. Enzyklika Deus caritas est, Nr. 17: „Liebe [ist] nicht bloß Gefühl. Gefühle kommen und gehen. Das Gefühl kann eine großartige Initialzündung sein, aber das Ganze der Liebe ist es nicht."

148 Vgl. Salz der Erde/Gott und die Welt, 460: „Es geht in all dem [d.h. im Erlernen der Liebe] darum, nicht in erster Linie sich selbst zu suchen, sondern den Weg des Gebens und damit auch das richtige Empfangen zu erfahren."

149 Enzyklika Deus caritas est, Nr. 7.

150 Diese Wirkungen wurden von Thomas von Aquin meisterhaft dargelegt und sind als solche auch prägend für Ratzingers Verständnis der Liebe, das sich seinerseits Joseph Piepers Schrift „Über die Liebe" in vielerlei Hinsicht verdankt. Ratzingers Übersetzung der „Quaestio disputata de caritate" des hl. Thomas führte ihn bereits während seiner Studienzeit in das Thema der Liebe ein, das ihn von da an, wie er selbst bemerkt, regelrecht „fasziniert" hat (Licht der Welt, 128).

sich anderen mitteilt und diese in sich hineinzieht; auf diese Weise wirkt das Gut anziehend.[151]

Wenn wir nun zu unserer ursprünglichen Unterscheidung zurückkehren – immer in dem Bewusstsein, dass beide Liebesarten einander ergänzen –, dann wird klar, dass der *amor concupiscentiae* sich dem Geliebten nicht um seiner selbst willen zuwendet, sondern aufgrund der Wirkungen, die diese Liebe im Liebenden selbst hervorruft. Diese Art der Liebe existiert daher nur in Bezug auf etwas anderes, sie ist nicht absolut. Das Zentrum dieser Liebe ist der Liebende, nicht der Geliebte. Das Gegenteil ist der Fall, wenn man jemanden um seiner selbst willen, auf absolute Weise liebt: Man sorgt sich dann in erster Linie darum, dass dem Geliebten das notwendige Gute zufällt, und erfährt eben aufgrund dessen – auch wenn man dies dabei nicht direkt anstrebt – selbst eine Befriedigung.[152] Diese Eigenschaften spiegeln sich vor allem in der unterschiedlichen Art und Weise wider, wie diese beiden Arten von Liebe die Vereinigung und die gegenseitige Empathie anstreben und wie in ihnen das Heraustreten aus sich selbst oder die Ekstase geschieht. Während man bei der begehrenden Liebe die Vereinigung mit dem Geliebten anstrebt, weil man sie „als zu seinem [eigenen] Wohlsein gehörend“[153] wahrnimmt, weshalb man auch „das Geliebte vollkommen zu besitzen“[154] sucht, betrachtet die Freundschaftsliebe im Gegenteil das Geliebte nicht als ihr Eigentum, sondern als ein „anderes Ich“, das denselben Respekt verdient und für das man das Gute im gleichen Maße anstrebt wie für sich selbst.[155] Daher erfährt man alles Gute oder Schlechte, das dem Geliebten widerfährt, gewissermaßen am eigenen Leib, und teilt sogar dessen eigenen Wil-

151 Einen Grundgedanken der Scholastik aufgreifend, schreibt Ratzinger in diesem Zusammenhang: „Man darf sich hier an einen bei Pseudodionysius besonders nachdrücklich formulierten Gedanken erinnern, der dann der ganzen Scholastik teuer wurde: Bonum diffusivum sui, sagt er – das Gute muss sich notwendig über sich selbst hinaus ausgießen, das Mitteilenwollen gehört innerlich notwendig zum Guten als solchem. Damit sollte zunächst die wesentliche Offenheit Gottes angesagt werden: Gott als die Güte in Person ist zugleich Mitteilen, Überströmen, Übersichhinausgehen, Sichverschenken. Aber der Satz gilt darüber hinaus für alles, was von ihm, dem Guten her, gut ist“ (Joseph Ratzinger, „Kein Heil außerhalb der Kirche?“, Kirche – Zeichen unter den Völkern, in: JRGS 8, 1051-1077, hier: 1077).

152 Thomas von Aquin bezieht die beiden Arten der Liebe in der „Summe der Theologie“ folgendermaßen aufeinander: „Zu jenem Gut also, das man für einen anderen will, hat man Liebe des Begehrens, zu dem hingegen, für den man das Gut will, hat man Liebe der Freundschaft. Diese Einteilung geschieht aber nach einem Früher und Später; denn was man mit der Liebe der Freundschaft liebt, liebt man schlechthin und an sich. Was man dagegen mit der Liebe des Begehrens liebt, liebt man nicht schlechthin und an sich, sondern für den andern“ (Summa Theologica, I[a]-II[ae] q. 26 a. 4 co., Deutsche Thomas-Ausgabe, Bd. 10, S. 71f.).

153 Ebd., q. 28 a. 1 co., Deutsche Thomas-Ausgabe, Bd. 10, S. 88.

154 Ebd., q. 28 a. 2 co., Deutsche Thomas-Ausgabe, Bd. 10, S. 92.

155 Vgl. ebd., I[a]-II[ae] q. 28 a. 1 co.: „Jede von beiden [Formen] entspricht der Wahrnehmung einer Einheit zwischen dem Geliebten und Liebenden. Liebt nämlich jemand als Begehrender etwas, dann nimmt er das wahr als zu seinem Wohlsein gehörend. Ebenso wenn jemand einen liebt mit der Liebe der Freundschaft, will er ihm Gutes, wie er auch sich Gutes will. Mithin erfasst er ihn als sein anderes Ich, sofern er ihm Gutes will wie auch sich selbst. Daher kommt es, dass der Freund das zweite Ich genannt wird. Und Augustinus sagt in seinen Bekenntnissen: ‚Gut hat einer von seinem Freunde gesagt, er sei die Hälfte seiner Seele‘“ (Deutsche Thomas-Ausgabe, Bd. 10, S. 88).

len.[156] Im ersten Fall besteht die Tendenz, den Geliebten vereinnahmen zu wollen, ohne dessen Unterschiede und persönlichen Reichtum zu respektieren, bis hin zu dem Punkt, dass man ihn ganz in sich selbst aufgehen lassen will. Im zweiten Fall hingegen lässt die Vereinigung Unterschiede bestehen, entsprechend dem füreinander empfundenen Respekt.[157] Der Effekt der Ekstase, das Heraustreten aus sich selbst, erfolgt bei der relativen Liebe auf unvollkommene Weise, da die Suche nach dem Geliebten, der als Besitz betrachtet wird, letztendlich auf das eigene Wohlergehen, auf „das Versinken in der Trunkenheit des Glücks“[158] zurückgeführt wird; diese Liebe bleibt daher letztlich „innerhalb des Betreffenden“[159], sie tritt zwar aus sich heraus, aber nicht völlig. Im Gegensatz dazu tritt die Freundesliebe, die im Geliebten ein zweites Ich sieht, völlig aus sich selbst heraus; sie sucht das Wohl des Geliebten, will seine Existenz, „will, dass es ihm gut geht, dass er glücklich ist“[160], ohne zur Sorge um sich selbst zurückzukehren.[161] Eine solche Liebe erscheint folglich „als ständiger Weg aus dem in sich verschlossenen Ich zur Freigabe des Ichs [...].“[162]

Zusammengefasst existieren infolgedessen zwei verschiedene Grundhaltungen: einerseits eine Verschlossenheit in sich selbst[163], die den Geliebten als Besitz betrachtet und die Liebe zu ihm nur insofern als Gut erstrebt, als sich diese auch auf das eigene Wohl auswirkt; im Grunde genommen entspricht diese Haltung einem individualistischen Personbegriff. Dem gegenüber steht eine Haltung, die frei macht von der Zentriertheit auf das eigene Ich und den Menschen befähigt, selbst in den Hintergrund zu treten, anstatt sich beständig in den Mittelpunkt zu rücken.

---

156 Die gegenseitige Empathie der Liebenden nimmt bei beiden Arten der Liebe ebenfalls unterschiedliche Form an, wie der hl. Thomas im zweiten Artikel derselben Frage erläutert: „Denn die Liebe des Begehrens kommt nicht bei einem beliebigen äußeren oder oberflächlichen Erreichen und Genießen des Geliebten zur Ruhe, sondern sie sucht das Geliebte vollkommen zu besitzen, indem sie gewissermaßen bis zu seinem Innersten vordringt. In der Freundesliebe dagegen ist der Liebende im Geliebten, sofern er die Güter oder die Übel des Freundes als seine eigenen betrachtet und den Willen des Freundes als seinen eigenen, so dass in seinem Freunde gewissermaßen er selbst Gutes oder Übles zu erleiden und zu erfahren scheint. Deshalb ist bei Freunden dies eigentümlich, nämlich ‚dasselbe zu wollen und im selben sich zu betrüben und zu erfreuen‘ (Aristoteles). So dass auf diese Weise, sofern einer die Angelegenheiten des Freundes als seine eigenen betrachtet, der Liebende im Geliebten zu sein scheint, als wäre er gewissermaßen eins geworden mit dem Geliebten“ (ebd., q. 28 a. 2 co., Deutsche Thomas-Ausgabe, Bd. 10, S. 92f.).

157 Ratzinger stellt die Verschmelzung und die personale Vereinigung einander gegenüber: „Der Verschmelzungseinheit mit ihrer Auflösungstendenz ist die personale Erfahrung entgegenzustellen: Einheit der Liebe ist höher als die gestaltlose Identität“ (Zwischenspiel, 39).

158 Enzyklika Deus caritas est, Nr. 6.

159 Thomas von Aquin, Summa Theologica, I^{a}-II^{ae} q. 28 a. 3 co., Deutsche Thomas-Ausgabe, Bd. 10, S. 96.

160 Salz der Erde/Gott und die Welt, 455.

161 Die Art und Weise des Aus-sich-selbst-Heraustretens bei diesen beiden Formen der Liebe ist sehr bezeichnend. Thomas von Aquin erläutert sie im dritten Artikel der Frage 28 seiner „Summe der Theologie“: „[I]n der Liebe des Begehrens wird gewisserweise der Liebende außer sich gestellt, sofern er nämlich, nicht zufrieden damit, sich zu freuen über das Gute, das er in sich hat, außerhalb seiner selbst etwas zu genießen sucht. Weil er jedoch dieses äußere Gut für sich besitzen will, geht er nicht schlechthin aus sich heraus, sondern ein solches Verlangen bleibt schließlich innerhalb des Betreffenden. Bei der Freundesliebe hingegen geht das Verlangen jemandes schlechthin aus sich heraus, weil er dem Freunde Gutes will und tut, indem er gewissermaßen um des Freundes selbst willen Sorge und Vorsorge für ihn trägt“ (Summa Theologica, I^{a}-II^{ae} q. 28 a. 3 co., Deutsche Thomas-Ausgabe, Bd. 10, S. 96).

162 Enzyklika Deus caritas est, Nr. 6.

163 Vgl. Salz der Erde/Gott und die Welt, 456.

Erneut sehen wir uns an diesem Punkt der anfangs bereits erwähnten Alternative gegenüber: Der Mensch muss sich entscheiden zwischen einer Haltung der Akzeptanz und Offenheit gegenüber dem anderen oder individualistischer Autonomie; zwischen Liebe oder Machtstreben. Wenn wir dies auf das anthropologische Bild des Mutterschoßes übertragen, so tritt uns diese Alternative in ihrer ganzen Radikalität vor Augen: Die Mutter steht vor der Entscheidung, ihr Kind entweder als persönlichen Besitz zu betrachten, über den sie gewissermaßen zu ihrem eigenen Wohl ‚verfügen' kann – in diesem Fall könnte sie sich des Kindes sogar entledigen, sobald es ihr unbequem wäre; oder aber sie begreift das Kind als zweites Ich, als eine in sich wertvolle Person, die der Hilfe bedarf und zu dessen Wohl sie beiträgt, indem sie aus sich selbst heraustritt und dabei bisweilen sogar das eigene Wohlergehen hintanstellt, um ihrem Kind alles zu geben, was es braucht. Im ersten Fall erscheint das Kind als ein Hindernis für das individuelle Wohl, während es im zweiten Fall sogar zum notwendigen Teil des eigenen Wohls wird, da die Liebe zum anderen Menschen in dem Maße zum Reifen und Wachstum des eigenen Personseins beiträgt, wie man durch sie aus sich selbst heraustritt. Erst durch das rechte Verständnis der menschlichen Person als relationales Wesen, für das „Verantwortung Antwort auf die Wahrheit des Menschenseins ist"[164], wird es daher möglich, jede Form des Konkurrenzdenkens – theoretisch wie praktisch – im gemeinschaftlichen Leben zu überwinden. Die Verantwortung gegenüber dem anderen und vor dem anderen ist nicht etwas, das uns von außen her mittels heteronomer Gesetze auferlegt werden müsste, sondern sie entspringt dem relationalen Wesen der menschlichen Person selbst.[165]

Das Bild des Samenkorns, auf das Ratzinger häufig zurückgreift,[166] spiegelt diese geheimnisvolle Dynamik wider, von der Mensch und Kosmos gleichermaßen geprägt sind – die Notwendigkeit des Sterbens, um zu leben, des Sich-Verlierens, um sich zu finden, des Gebens, um zu empfangen (auch des Beschenktwerdens, um zu geben),[167] um auf diese Weise ins wahre Leben einzutreten. Jenes wahre Leben eröffnet sich gerade „[i]m Eingehen ins Schicksal des Weizenkorns, im Durchgehen durch das Geopfertwerden, im Sichaufbrechenlassen und Sichverlieren".[168] Wer daher alles besitzen will – einschließlich der Liebe seiner Mitmenschen –, ohne

164 Freiheit und Wahrheit, 222.

165 Wie Ratzinger in seinem Beitrag „Das Menschenbild des Konzils in seiner Bedeutung für die Bildung" bekräftigt, schließt das personalistische Menschenbild von selbst die Verantwortung mit ein: „Da ‚Person' anderes und mehr besagt als ‚Individuum', heißt dies zugleich, dass der ‚Personalismus' kein Individualismus ist, sondern nun umgekehrt erst vollends die Entdeckung der Gemeinschaft und der Verantwortlichkeit vor ihr bedeutet, die das Gegenspiel zu kollektiver Aufsaugung und Normung darstellt" (48; JRGS 7, 874).

166 Vgl. Salz der Erde/Gott und die Welt, 454 und 456, sowie Die Hoffnung des Senfkorns; siehe auch Enzyklika Deus caritas est, Nr. 6.

167 In dieser gegenseitigen Notwendigkeit von Geben und Empfangen liegt für Ratzinger die Wechselbeziehung von ‚Eros' und ‚Agape' begründet: „Wenn *Eros* zunächst vor allem verlangend, aufsteigend ist [...], so wird er im Zugehen auf den anderen immer weniger nach sich selber fragen, immer mehr das Glück des anderen wollen, immer mehr sich um ihn sorgen, sich schenken, für ihn da sein wollen. Das Moment der *Agape* tritt in ihn ein, andernfalls verfällt er und verliert auch sein eigenes Wesen. Umgekehrt ist es aber auch dem Mensch unmöglich, einzig in der schenkenden, absteigenden Liebe zu leben. Er kann nicht immer nur geben, er muss auch empfangen. Wer Liebe schenken will, muss selbst mit ihr beschenkt werden" (Enzyklika Deus caritas est, Nr. 7).

168 Einführung in das Christentum, 238; JRGS 4, 233f.

dabei im Gegenzug etwas zu geben, ohne sich selbst zu verschenken und anderen Liebe zu schenken, der verschließt sich der Wahrheit seines eigenen Daseins und lebt, indem er sich der Liebe verweigert, in einer existenziellen Lüge.[169]

3.4 Selbstliebe im Sich-Verlieren

Nun stellt sich freilich die Frage, wie eine solche Liebe zu verstehen ist, deren Anspruch, sich selbst zu verlieren, uns – so hat es den Anschein – nicht glücklich machen kann. Als Antwort verweist uns Ratzinger auf das rechte Verständnis der Liebe zu uns selbst. Dabei bedient er sich eines Bildes, das die verschiedenen Entwicklungsstufen der Liebe veranschaulichen soll. Kinder und Jugendliche begegnen den Herausforderungen des Lebens, indem sie sich gleichsam selbst im Spiegel betrachten und alles in Bezug auf sich selbst wahrnehmen und beurteilen. „Aber solange man sich nur selbst anschaut, wird man nie groß!"[170] Man hat ein verzerrtes Bild von der Realität und kann daher keine rechte Antwort auf deren Herausforderungen geben. Erst wenn der Mensch aufhört, sich selbst im Spiegel zu betrachten, wenn er die egoistische Phase seiner Entwicklung überwindet und den Blick auf seine Umgebung richtet, wird er fähig, die innere Wahrheit der Realität und seiner Mitmenschen zu entdecken und ihrem Anspruch als Personen zu begegnen. Zur Reife gelangt ist in diesem Prozess, wer das eigene Leben als Geschenk und Offenheit gegenüber den anderen begreift, das heißt, wer, anstatt sich selbst in den Mittelpunkt zu stellen, lernt, sich anderen zur Verfügung zu stellen und sie zu ‚lieben', wie sie es verdienen. Zeichen der reifen Liebe wäre demnach ein offenes Herz, das, indem es sogar zu Opfern und Verzicht bereit ist, „das Gute für den Geliebten"[171] will und die anderen nicht aus seinem eigenen Leben ausschließt.[172] „Wahrhaft Mensch sein heißt: in der Beziehung der Liebe, des Von und des Für stehen",[173] mit anderen Worten – zur höchsten Fülle des Personseins zu gelangen.

Es gibt für diesen Zusammenhang freilich noch einen tieferen Grund. Auch wenn die reife und gesunde Behauptung des eigenen Ichs der Öffnung auf ein Du hin, der Selbstüberschreitung, bedarf, schließt doch „diese Notwendigkeit des Herausgehens aus sich, des Weggehens von sich selbst" die „wirkliche Selbstbejahung" nicht aus, „ganz im Gegenteil: Sie ist die Weise, sich selbst zu finden und zu ‚lieben'".[174] Das kommt daher, dass nur derjenige, der sich selbst von seinem wahren inneren Wert als Person her annimmt – ausgehend von einem realistischen Blick, der das Wesentliche erfasst –, sich nicht in Form von Leistungen oder beständigen Vergleichen Ersatzwerte schaffen muss; denn er weiß, dass all dies nur eine Folge des Seins sein kann. Nur wer in der Lage ist, sich selbst mit allem, was ihn ausmacht, anzunehmen – und Voraussetzung für diese Selbstannahme ist eine gewisse Distanz zu sich selbst –, wird so auch gleicherma-

169 Vgl. Jesus Christus heute, 69; JRGS 6, 982.
170 Benedikt XVI., Ansprache bei der Begegnung mit den Kindern und Jugendlichen der Katholischen Aktion, 30. Oktober 2010.
171 Enzyklika Deus caritas est, Nr. 6.
172 Vgl. Benedikt XVI., Ansprache bei der Begegnung mit den Kindern und Jugendlichen der Katholischen Aktion, 30. Oktober 2010.
173 Im Anfang schuf Gott, 72.
174 Auf Christus schauen, 97; JRGS 4, 473.

ßen fähig, den anderen von seinem Wesen her als in sich wertvolle Person, statt als Konkurrenten, wahrzunehmen. „Wer [daher] sich selbst nicht mag, kann auch nicht den Nächsten lieben. Er kann ihn nicht annehmen ‚wie sich selbst', da er doch gegen sich selber steht und daher [...] vom Grund seines Lebens her unfähig ist zu lieben".[175] Deshalb warnt Ratzinger ausdrücklich vor einer Gleichsetzung von Egoismus mit authentischer Selbstliebe, die einander im Gegenteil sogar ausschließen. In der Tat kann einer „ein großer Egoist und trotzdem im Unfrieden mit sich selber sein"[176], er kann in einer inneren Zerrissenheit leben, die aus der Nicht-Annahme der eigenen Wahrheit bzw. Wirklichkeit herkommt und deren Folge der verzweifelte Versuch ist, „sich ein anderes Ich zu schaffen"[177], vielleicht nach dem eigenen Geschmack, doch ganz und gar unrealistisch und daher eine Quelle von Leiden und innerer Unzufriedenheit.

Ratzinger bezeichnet diesen Mechanismus als „anthropologischen Zirkel"[178]: Der Rückzug des Menschen auf sich selbst verhindert das nötige Sich-Entfernen vom eigenen Ich, durch das er freilich erst in der Lage wäre, sich selbst vom Du her objektiv und realistisch zu betrachten und somit den Subjektivismus zu überwinden; anstatt eine angemessene Beziehung zum eigenen Ich herzustellen, bewirkt dieser Rückzug im Grunde genommen „die Flucht vor sich selbst, die Unfähigkeit, es mit sich auszuhalten".[179] Einen derart illusorischen Versuch, „sich ein anderes Ich [zu] schaffen", stellt in diesem Sinne etwa der Ersatz des Seins durch den Besitz dar – von Dingen oder gar von Menschen –, eine Haltung, die jede Liebe vergiftet. Den anderen lieben und von Grund auf bejahen kann nur derjenige, der die Wahrheit über sich selbst akzeptiert und von daher fähig wird, sich selbst anzunehmen und zu lieben. Diese Art der Liebe, die die notwendige Voraussetzung darstellt, will man den ‚Status' des vollen Personseins erlangen, gilt es, in einer Art ‚zweiten Geburt' allmählich zu erlernen.[180] Und eben diese Liebe ist auch, wie noch zu zeigen sein wird, mit der menschlichen Freiheit in ihrem höchsten Sinn untrennbar verbunden.

Im Verlauf dieses Lernprozesses der wahren Liebe muss der Mensch einen entscheidenden Schritt vollziehen: das Heraustreten aus sich selbst. Ratzinger schildert diesen ‚Auszug' aus dem in sich selbst verschlossenen Ich hin zur Öffnung auf den anderen als einen regelrechten Exodus. Wie Mose, der Israel aus der Sklaverei des Pharao befreite, indem er Ägypten den Rücken kehrte und das Volk durch die Wüste in das verheißene Land führte, so ist auch jeder Einzelne dazu berufen, aus dem ‚Mutterschoß' der Verschlossenheit in sich selbst herauszutreten und auf die anderen Menschen zuzugehen. Nur wer sich selbst in dieser Weise überschreitet, wird jenes verheißene Land erreichen, das per Definition außerhalb seiner selbst, jenseits der Sklaverei Ägyptens, liegt. „Dieses Grundgesetz der Überschreitung haben wir als Wesen der Liebe kennengelernt."[181] Wie einst der Auszug aus Ägypten und die Wüstenwanderung so setzt auch dieser Exodus eine gewisse Anstrengung voraus und nicht nur die eigene, sondern auch diejenige

175 Ebd., 98; JRGS 4, 473f., unter Verweis auf Romano Guardini.
176 Ebd.; JRGS 4, 474.
177 Ebd.
178 Ebd.
179 Ebd.
180 „Sich selbst annehmen, ‚lieben', [...] fordert das ständige Unterwegssein zur Wahrheit" (ebd., 98f.; JRGS 4, 474).
181 Salz der Erde/Gott und die Welt, 456. Vgl. auch ders., Jesus Christus heute, 59ff.; JRGS 6, 971ff.

vonseiten der geliebten Person, die, um die eigene Tendenz zur Ichverschlossenheit überwinden zu können und ihren eigenen Exodus zu wagen, neben der Güte bisweilen auch der Zurechtweisung als Ausdruck der Liebe bedarf und in manchen Dingen Verzicht üben muss. Wie jede Entscheidung nimmt auch das Ja der Liebe ein gewisses Risiko in Kauf, in diesem Falle das Risiko, für die geliebte Person zu leiden.[182] Es gibt keine Ekstase der Liebe ohne diese Bereitschaft zum Leiden.

Ein Teil der rechten Selbstliebe ist darüber hinaus auch die persönliche Selbstverwirklichung, die, wenn sie in den Dienst des Nächsten gestellt wird, für die Erlangung des gemeinsamen Ziels einer Gesellschaft unerlässlich ist. Aus dieser Perspektive erscheint der Beruf als eine Möglichkeit, den fundamentalen Auftrag der Liebe konkret zu verwirklichen. Jede persönliche, an der Liebe ausgerichtete Berufung, die die egoistische Tendenz zum unentgeltlichen Haben-Wollen überwindet, macht uns bereit für diesen doppelten Austausch und wird auf diese Weise zu einer Berufung für das Gemeinwohl: „Ich erfülle sozusagen meine Sendung auch als Liebender erst ganz, wenn ich ganz der werde, der ich sein kann. Wenn ich das gebe, was ich geben kann."[183] Auf diese Weise trägt die rechte Entfaltung der eigenen Person dazu bei, dass die Welt immer mehr ein fruchtbarer Garten wird. Wenn hingegen die Selbstverwirklichung nicht im Dienst des Nächsten steht, tendiert das Ich dazu, sich selbst auf Kosten anderer zu behaupten, die dann entweder als ‚Besitz' oder als Konkurrenten empfunden werden. Infolgedessen verfällt das Ich in eine Sklaverei, die der diametrale Gegensatz zur Liebe ist.[184] Von daher kann Ratzinger diese beiden Grundhaltungen einander als ‚Klugheit' und ‚Torheit' gegenüberstellen:

> *„Wir sind klug, wenn wir aus der törichten Isolierung der Selbstverwirklichung heraustreten, die auf den Sand des Selberkönnens baut. Wir sind klug, wenn wir nicht jeder für sich und isoliert das bloß private Haus des eigenen individuellen Lebens zu bauen versuchen. Unsere Klugheit ist es, mit ihm zu bauen in und an dem gemeinsamen Haus, so dass wir selbst sein lebendiges Haus werden."*[185]

Unmittelbare Auswirkungen der rechten Achtung vor dem eigenen Personsein sind folglich Solidarität und das Bedürfnis, mit anderen Menschen Bindungen einzugehen. Da die Liebe das Gute für und die Vereinigung mit der geliebten Person durch die Ekstase erstrebt, ergibt sich aus dieser Tatsache auf ganz natürliche Weise das Entstehen von Bindungen, die das Lieben auf lange Sicht hin ermöglichen. Aus diesem Grund, und nicht aufgrund unserer Schwachheit, gehört es zum Wesen der Liebe, diese in einer gewissen Beziehung der ‚Abhängigkeit' von der geliebten Person zu leben, welche in Form von Bindungen zustande kommt. Derartige Bindungen und Verpflichtungen erweisen sich folglich nicht als Einschränkung der individuellen Freiheit, noch werden sie als solche empfunden; sie erscheinen vielmehr zum einen als ein konkretes Ja zur Liebe, das es dem Menschen ermöglicht, das zu sein, was er sein soll,[186] und zum anderen als Garan-

182 Vgl. Salz der Erde/Gott und die Welt, 301f.
183 Ebd., 459.
184 Vgl. ebd.: „Wenn Macht sich verselbstständigt und schlechthin die Kategorie des Menschen wird, dann wird sie zur Versklavung, und damit zum Gegenpol zur Liebe."
185 Auf Christus schauen, 63; JRGS 4, 446.
186 Vgl. Salz der Erde/Gott und die Welt, 302. Daran wird umgekehrt deutlich, dass die Weigerung oder die Unfähigkeit zu lieben eine Folge des unbedingten Wunsches sein kann, die eigene individuelle Unabhängigkeit nicht aufzugeben.

tie gegenüber den falschen Versprechungen einer leichtfertigen Liebe, die als solche nur Surrogate darstellen und uns gewissermaßen eine ‚Abkürzung' suggerieren, mittels der wir – so machen sie uns glauben – der Anstrengung des Exodus entgehen könnten.[187] Die personale Liebe setzt hingegen eine innere Ordnung voraus, die in der „Achtung vor dem anderen und vor dem Eigenen" besteht, „das dann am meisten geliebt ist, wenn es in seiner rechten Sinngebung angenommen wird".[188] Daher kommt es auch, dass eine falsche Vorstellung von der Person oder eine Reduzierung ihres Wertes ausschließlich auf die individuellen Güter[189] in der Tat dramatische Konsequenzen für die gesamte Gesellschaft hat. Wichtig sei daher zu betonen, so Ratzinger,

> *„dass die Hochgemutheit der menschlichen Berufung auch über das Individuelle der menschlichen Existenz hinausreicht und nicht ins bloß Private zurückgedrängt werden darf. Eine Gesellschaft, die das Eigentliche des Menschen zum bloß Privaten macht und sich selbst in einer totalen Profanität definiert [...] wird ihrem Wesen nach traurig, ein Ort der Verzweiflung: Sie beruht ja auf einer Reduktion der Würde des Menschen. Eine Gesellschaft, deren öffentliche Ordnung konsequent vom Agnostizismus bestimmt wird, ist nicht eine frei gewordene Gesellschaft, sondern eine verzweifelte Gesellschaft, gezeichnet von der Traurigkeit des Menschen, der auf der Flucht vor Gott und im Widerspruch zu sich selber ist."*[190]

Signifikant ist in diesem Zusammenhang, wie genau Ratzinger eine jede der beiden erwähnten existenziellen Optionen näher charakterisiert: Die Öffnung, durch die man auf dem Weg der wahren Liebe zum Heraustreten aus sich selbst in der gegenseitigen Dynamik des Gebens und Empfangens gelangt, erscheint als Vorhof des Paradieses,[191] womit im Grunde nichts anderes gemeint ist als die Fülle der Liebe[192]; dagegen wird die „Verschließung ins bloß Eigene"[193], die nichts vom anderen empfangen will, weil sie vorgibt, sich selbst zu genügen, und die somit die Fähigkeit zur Liebe und zur Bindung an andere verliert, Hölle genannt.[194] Sartre hatte tatsächlich Recht, als er das Leben eines Menschen, der sich infolge der inneren Wesenlosigkeit und Sinnleere voll-

---

187 Vgl. Salz der Erde/Gott und die Welt, 457f.
188 Gottes Glanz in unserer Zeit, 46.
189 Vgl. Freiheit und Wahrheit, 198.
190 Auf Christus schauen, 76f.; JRGS 4, 457.
191 Vgl. ebd., 70; JRGS 4, 452: „Die Liebe, auf die die christliche Hoffnung im Licht des Glaubens zugeht, ist nichts bloß Privates, Individuelles, sie verschließt mich nicht in eine kleine Eigenwelt hinein. Diese Liebe öffnet mir das ganze All, das durch Liebe zum ‚Paradies' wird."
192 Vgl. Einführung in das Christentum, 295; JRGS 4, 284f.
193 Ebd.
194 Vgl. Freiheit und Bindung in der Kirche, JRGS 8, 436. Die Art und Weise, wie Ratzinger diese Art der ‚Hölle' beschreibt, ist sehr bedeutsam im Hinblick auf die seinen Überlegungen zugrunde liegenden anthropologischen Thesen: „Erst später ahnt man, dass dieser Ersatz [durch unverbindliche Beziehungen] nur ungeheure Täuschungen bietet, und erst recht den Absturz in die unerträgliche Einsamkeit, in die Frustration des absoluten Leerseins nach sich zieht. Sie sind im Grunde Bilder der Hölle. Denn wenn wir uns fragen, was denn das Verdammtsein eigentlich bedeutet, dann ist es eben dieses: an nichts mehr Geschmack finden können, nichts mehr mögen, niemanden mögen und selber nicht gemocht sein. Aus der Liebesfähigkeit und damit aus dem Raum des Liebenkönnens verstoßen zu sein – das ist dann die absolute Leere, in der der Mensch im Widerspruch mit sich selbst lebt und das Dasein wirklich gescheitert ist" (Salz der Erde/Gott und die Welt, 457f.).

kommen isoliert, bindungslos und wie verdammt fühlt, als Hölle bezeichnete.[195] Er würde Ratzinger gewiss beipflichten, wenn dieser von der Hölle aussagt, sie sei „das Nur-Selbst-sein-Wollen, das, was wird, wenn der Menschen sich ins Eigene versperrt".[196] Die Liebe erscheint in diesem Zusammenhang als der Schlüssel, der es uns ermöglicht, die unvermeidlichen gegenseitigen Abhängigkeitsbeziehungen nicht als etwas Degradierendes zu erleben, sondern als ‚Communio', als ein Miteinander, das Einheit statt Konkurrenz stiftet. Liebe ist „die einzig schöpferische Macht, die anderes als anderes hervorbringen kann ohne Neid, das Eigene zu verlieren", weil nur die Liebe „Abhängigkeit in Freiheit umwandelt".[197] Allein die Liebe macht uns fähig, uns selbst zu vergessen, und ermöglicht es, den anderen aufrichtig als ‚zweites Ich' zu akzeptieren; so führt sie uns schließlich auf die Höhe unserer Berufung zum Personsein. Letztendlich ließe sich das gesamte Drama der Menschheitsgeschichte auf die einfache Formel bringen: „ja oder nein zur Liebe".[198]

3.5 Der Ursprung des Personseins

Unser relationales Wesen hat seinen Ursprung im inneren Reichtum des Personseins, durch das wir uns von der bloßen Natur unterscheiden, insbesondere aufgrund unserer Fähigkeit zu wählen und uns zu entscheiden, das heißt, aufgrund des Willens. Wir haben ferner gesehen, dass unser Leib und unser Dasein – alles, was uns als Menschen ausmacht – nicht unserer eigenen Schaffenskraft entspringt, sondern dass wir es empfangen haben, weshalb es uns stets auf die Beziehung zu anderen Menschen verweist – auf die eigene Familie, die eigene kulturelle Tradition, etc. Vor allem aber verweist es uns auf den Anderen schlechthin. Wenn die Philosophie, getreu ihrem Wesen, auch weiterhin nach letztgültigen Erklärungen der Dinge fragen will,[199] so muss sie erkennen, dass diese Frage sie zur Anerkennung einer letzten Ursache, eines ersten Prinzips, führt, in dem der Ursprung des Menschen in seiner inneren Einheit begründet liegt.[200] Zwei Optionen ergeben sich hieraus: Entweder stammt alles Sein aus der Materie oder es stammt im Gegensatz dazu von einem Wesen her, das selbst Geist ist und alles, was existiert, erdacht und erschaffen hat. Das geistige Leben, das den Menschen auszeichnet, kann nicht aus der Materie stammen, denn es besteht zwischen beiden ein

195 Vgl. Freiheit und Wahrheit, 197, sowie Freiheit und Bindung in der Kirche, JRGS 8, 435f.
196 Einführung in das Christentum, 295; JRGS 4, 284.
197 Ratzinger, Im Anfang schuf Gott, 93.
198 Salz der Erde/Gott und die Welt, 302.
199 Genau das Gegenteil forderte Karl Marx in seinem Materialismus: Die Frage nach dem Ursprung, die „letztlich gar nicht anders beantwortet werden kann als vom Schöpfergeist her", war für ihn unsinnig geworden. Das einzig Wichtige für den Marxismus ist der Wandel, die Praxis. Dies bedeutet letzten Endes eine Umkehrung der Prioritäten von Sein und Tun (vgl. Im Anfang schuf Gott, 42f. und 92; Zitat: 42).
200 Der rationalen Erklärbarkeit der Schöpfung widmet sich Ratzinger besonders ausführlich in den beiden ersten Teilen seiner Predigtsammlung „Im Anfang schuf Gott", auf die wir in diesem Zusammenhang verweisen wollen. In Bezug auf die Evolutionstheorie stellt er fest: „Die richtige Formel muss heißen: Schöpfung *und* Entwicklung, denn die beiden Dinge beantworten zwei verschiedene Fragen. [...] Die Evolutionslehre versucht biologische Abläufe zu erkennen und zu beschreiben. Aber sie kann die Herkunft des ‚Projekts' Mensch damit nicht erklären, seinen inneren Ursprung und sein eigenes Wesen" (53, Hervorhebung im Original).

qualitativer Unterschied. Nur eine Ursache, die das, was sie verursacht – in unserem Fall das geistige Dasein –, entweder übersteigt oder wenigstens in sich enthält, kann auch dessen eigentlicher Ursprung sein.

Von diesem Punkt gelangt man schließlich zu einem höchsten persönlichen Sein, das alles Seiende denkt und erschafft, jedoch nicht gemäß der Vorstellung eines idealistischen Monismus, der „alles Wirkliche als Inhalte eines einzigen Bewusstseins erklärt", sondern als schöpferische Freiheit, an der auch die Geschöpfe Anteil haben.[201] Der Einblick in die Rationalität und innere Logik der Natur, die „nicht aus der Irrationalität erklärt werden kann", führt uns als „nach wie vor [...] beste Hypothese"[202] zu der Erkenntnis: „Im Anfang war der Logos".[203] Sie lässt uns erkennen, dass jene letzte Wahrheit, jenes Wesen[204], das dem in der Schöpfung angelegten inneren Anspruch auf Selbstüberschreitung vollends gerecht wird, tatsächlich existiert.[205] Diese philosophische Einsicht führt uns somit an den Anfang des Weges der Theologie: Gott, als letzte Ursache unseres Personseins, hat, auf wunderbare Weise, den Menschen aus reiner Liebe erschaffen,[206] selbst fähig zu lieben und infolgedessen frei, das heißt nach seinem Abbild. Gerade in dieser Gottebenbildlichkeit wurzelt die einzigartige Größe des Menschen und in ihr wiederum liegt seine unverletzliche Würde begründet, weshalb er weder zur bloßen Sache noch zu irgendjemandes Eigentum degradiert werden darf. Auf ihr basiert schließlich auch die fundamentale Einheit des Menschengeschlechtes,[207] ebenso wie die Einzigartigkeit einer jeden menschlichen Person: Jeder Mensch ist „etwas unaussprechbar Neues, mehr als die Summe von Chromosomen und das Produkt einer bestimmten Umwelt [...]: ein einmaliges Geschöpf Gottes".[208]

Das unersättliche Streben des Menschen nach Unendlichkeit, seine beständige Suche nach Absolutheit, der Wunsch nach grenzenloser Freiheit und vollkommenem

201 Einführung in das Christentum, 145; JRGS 4, 153. Im Folgenden bemerkt Ratzinger weiter: „Christlicher Glaube an Gott bedeutet vielmehr, dass die Dinge Gedachtsein von einem schöpferischen Bewusstsein, von einer schöpferischen Freiheit her sind und dass jenes schöpferische Bewusstsein, das alle Dinge trägt, das Gedachte in die Freiheit eigenen, selbstständigen Seins entlassen hat. Darin überschreitet er jeden bloßen Idealismus".

202 Auf Christus schauen, 30; JRGS 4, 421.

203 Joh 1,1. Seine Deutung dieses Verses fasst Ratzinger folgendermaßen zusammen: Schöpfungsglaube „bedeutet ja nichts anderes als die Überzeugung, dass der objektive Geist, den wir in allen Dingen vorfinden, ja, als den wir die Dinge in zunehmendem Maß verstehen lernen, Abdruck und Ausdruck ist von subjektivem Geist und dass die gedankliche Struktur, die das Sein hat und die wir *nach*-denken können, Ausdruck eines schöpferischen *Vor*denkens ist, durch das sie sind" (Einführung in das Christentum, 140; JRGS 4, 149, Hervorhebung im Original).

204 Die Tatsache, dass die Wahrheit auf nichts anderes mehr zurückgeführt werden kann, macht sie letzten Endes mit Gott selbst identisch: „Wenn man das Wesen von Wahrheit ganz bedenkt, dann ist man beim Gottesbegriff angelangt" (Joseph Ratzinger, Interpretation – Kontemplation – Aktion, in: Grundsatz-Reden aus fünf Jahrzehnten, Regensburg: 2005, 148).

205 Die Transzendenz erscheint somit als regelrechter Leitfaden, der in der inneren Dynamik des Lebens angelegt ist und uns von der untersten Ebene der bloßen Natur stufenweise nach oben führt, bis wir auf eine Ebene gelangen, die die Natur übersteigt und vollendet: die Ebene des Übernatürlichen. Ratzinger beschreibt diesen Prozess sehr treffend in seinem Aufsatz „Gratia praesupponit naturam" (vgl. 169).

206 Gott wirkt die Schöpfung ausschließlich aus Liebe, ohne jede Notwendigkeit (vgl. Salz der Erde/Gott und die Welt, 382).

207 Vgl. Was ist der Mensch?, 31f.

208 Einführung in das Christentum, 262; JRGS 4, 255.

Glück, der durch keine endliche Wirklichkeit je restlos befriedigt werden kann[209] – alle diese Regungen im Innersten des Menschen sind Spuren des Göttlichen.[210] Insofern nun aber der Mensch etwas Göttliches in sich trägt, das er von Gott empfangen hat, gebührt ihm auch eine beinahe religiöse Ehrfurcht, von der er sich nicht einmal sich selbst gegenüber dispensieren kann, denn „[d]er Mensch ist immer unendlich mehr als er selbst. Er ist auch nie sich selber nur als Sache gegeben, weil in ihm dieses Geheimnis der Selbstübersteigung anwesend ist und ihn ausmacht".[211]

Die Einsicht, dass der Mensch Person ist, birgt in sich einen unerschöpflichen Reichtum. Ursache für diesen inneren Reichtum des Personseins ist letztendlich die Gottebenbildlichkeit, da Gottes Wesen sich uns als Einheit dreier Personen offenbart, die in gegenseitiger, selbstloser Liebe miteinander verbunden sind[212] – als Liebe, die zugleich Freiheit ist. Deshalb erschafft sie aus reiner Unentgeltlichkeit im Bedürfnis, sich anderen mitzuteilen, eine Kreatur, mit der sie ihr eigenes Leben teilen kann und die infolgedessen ebenfalls fähig sein muss zu lieben.[213] Die Entdeckung der ‚Person', wie sie sich im Laufe der ersten christlichen Jahrhunderte vollzog – ein Prozess, der von Ratzinger in der „Einführung in das Christentum" detailliert nachvollzogen wird – erschließt uns unendliche Horizonte. Was einen Gott, der von seinem Wesen her Person ist, vor allem auszeichnet, ist sein „Beziehungssein"[214]: Gottes innerstes Wesen als Vater, Sohn und Heiliger Geist besteht im tiefen Aufeinander-Bezogensein einer jeden der göttlichen Personen. Das göttliche Leben offenbart sich infolgedessen als ununterbrochener Strom liebender Gemeinschaft. Wenn wir das menschliche Personsein von dieser Perspektive her betrachten, erklärt sich daraus nicht nur sein geistiger Charakter, aufgrund dessen der Mensch Verstand und Willen – und damit auch Freiheit – besitzt, sondern auch die relationale Dimension des Menschen, sein notwendiges Bezogensein auf andere Menschen, mittels dessen er erst all jene Aspekte entfalten kann, die ihm bereits *in potentia* gegeben sind: „Er kann in sich selbst, in dem kühnen Projekt, das er ist, die Sprache des Schöpfergeistes entdecken, der zu ihm spricht."[215]

---

209 Daher kommt es auch, dass selbst die menschliche Liebe diesen Wunsch nicht vollständig erfüllen kann und stets einen Rest von Melancholie und Einsamkeit zurücklässt; auch alle politischen Verheißungen einer idealen Gesellschaft müssten sich angesichts dieser Erkenntnis im Letzten als unrealisierbare Utopien entpuppen (vgl. etwa Freiheit und Wahrheit, 194 und 207, Freiheit und Befreiung, 421f., JRGS 10, 578f., sowie Jesus Christus heute, 59 und 62; JRGS 6, 971 und 975f.).

210 Vgl. Jesus Christus heute, 61; JRGS 6, 974: „In jedem Menschen lebt der Durst nach Freiheit und nach Befreiung: bei jeder Etappe, die er auf diesem Weg erreicht, wird ihm aber auch bewusst, dass es nur eine Etappe war und dass nichts von dem Erreichten seinem Verlangen wirklich entspricht. Der Durst nach Freiheit ist die Stimme der Gottebenbildlichkeit in uns; es ist der Durst, [...] ‚wie Gott' zu sein."

211 Was ist der Mensch?, 32.

212 Ratzinger deutet die Offenbarung über das dreifaltige Wesen Gottes knapp zusammengefasst in dem Satz: „Die Aussage, dass Gott trinitarisch ist, bedeutet ja das Bekenntnis, dass Gott Selbstüberschreitung, ‚Selbstlosigkeit' ist" (Theologische Prinzipienlehre, 367).

213 In diesem Plan Gottes wurzelt die göttliche Berufung des Menschen, die für Ratzinger einen „fundamentalen Sachverhalt biblischen Denkens" darstellt: „Der Mensch ist [...] gewollt und geliebt von Gott, und seine höchste Aufgabe ist es, dieser Liebe zu entsprechen. [...] Gerufensein zur Liebe Gottes ist ein Berufensein zum Glück" (Auf Christus schauen, 97; JRGS 4, 473).

214 Vgl. Einführung in das Christentum, 168-177; JRGS 4, 173-181.

215 Im Anfang schuf Gott, 58. Die Beziehung, die bei uns Menschen etwas zur Person Hinzukommendes ist, macht bei den göttlichen Personen ihr eigentliches Wesen aus, ihre „Beziehentlichkeit" (Einführung in das Christentum, 170; JRGS 4, 180).

Die Offenbarung eines Gottes, dessen Wesen sich durch gegenseitige Liebe und Hingabe definiert, wirft jene uralte Gottesvorstellung von Grund auf um, die in den Göttern selbstgenügsame Wesen sieht, welche nichts und niemandes bedürfen und – etwa nach Art des aristotelischen Unbewegten Bewegers – nur für sich selbst in einem Zustand der isolierten Selbstbetrachtung existieren. Aus diesem Grund hatten die griechischen Götter keine Freunde und konnten auch nicht mit Menschen in eine personale Beziehung treten; es wäre als Zeichen von Unvollkommenheit gedeutet worden, wären sie aus ihrer autarken Existenz herausgetreten und hätten sich in Abhängigkeit von anderen begeben. Schon Aristoteles hat auf diese wesenhafte Einsamkeit der Götter hingewiesen.[216] Die bereits erwähnte fundamentale Seinsalternative erscheint hier als die Wahl zwischen Isolation und Liebe, zwischen der Einsamkeit als ‚Preis' individueller Vollkommenheit und der Liebe, die mit persönlichen Beziehungen einhergeht. Das philosophische Sprichwort, dass „bloßes Denken größer sei als Lieben" erweist sich somit als ein Vorurteil, das durch die jüdisch-christliche Offenbarung korrigiert wurde, indem diese uns im Gegenteil „wissen lässt, dass höher als das bloße Denken die Liebe steht".[217] Eben deshalb hat sich uns Gott als Schöpfergott offenbart, weil er liebt.[218] Das alte Konzept von der selbstgenügsamen Einsamkeit, welches einst als das Idealbild der Vollkommenheit erschien, weil man es mit dem Leben der Götter assoziierte, das aber notwendigerweise die Sehnsucht nach Liebe unerfüllt lassen musste, wurde so überwunden durch eine neue „höchste Weise des Seins", die „vielmehr das Element der Beziehung ein[schließt]".[219]

Wenn dem so ist, dann manifestiert sich auch die Macht Gottes in der Fähigkeit, Freundschaftsbeziehungen zu schaffen, indem sie jeden noch so großen Abstand überwindet, bis hin zur selbst gewählten Ohnmacht der Auslieferung an seine Geschöpfe: „Die höchste Macht erweist sich darin, [...] dass sie mächtig ist nicht durch Gewalt, sondern allein durch die Freiheit der Liebe".[220] Aus diesem Grund besteht der deutlichste Ausdruck dieser Macht Gottes in dem, was seiner innersten Wahrheit entspricht[221]: in bedingungsloser Vergebung, in Barmherzigkeit, im Die-

216 So etwa in zweien seiner bekanntesten Werke, der Politik und der Nikomachischen Ethik: „Wer aber nicht in Gemeinschaft leben kann, oder ihrer, weil er sich selbst genug ist, gar nicht bedarf, ist kein Glied des Staates und demnach entweder ein Tier oder ein Gott" (Aristoteles, Politik, I, 2, 1253a 27-28, zitiert nach: Philosophische Schriften, Bd. 4, übs. Eugen Rolfes, Hamburg: 1995, 5). „Man sieht das deutlich, wenn unter verschiedenen Personen ein großer Abstand bezüglich der Tugend oder Schlechtigkeit, des Wohlstandes oder sonst einer Sache herrscht: da ist man nicht mehr Freund und beansprucht es auch nicht. Am klarsten aber sieht man es an den Göttern, die uns an allen Gütern so sehr überlegen sind" (Aristoteles, Nikomachische Ethik, VIII, 9, 1158b 32-35, zitiert nach: Philosophische Schriften, Bd. 3, übs. Eugen Rolfes, bearb. Günther Bien, Hamburg: 1995, 193).

217 Einführung in das Christentum, 135f.; JRGS 4, 144.

218 Vgl. die Ansprache Papst Benedikts XVI. bei der Begegnung mit engagierten Katholiken aus Kirche und Gesellschaft in Freiburg: „Die Sendung der Kirche kommt ja vom Geheimnis des Dreieinigen Gottes her, dem Geheimnis seiner schöpferischen Liebe. [...] [D]ie göttliche Liebe will nicht nur für sich sein, sie will sich ihrem Wesen nach verströmen" (25. September 2011).

219 Einführung in das Christentum, 136; JRGS 4, 145.

220 Ebd., 138; JRGS 4, 146f.

221 Der Dialog zwischen Jesus und Pilatus macht deutlich, dass die eigentliche Macht seines „Reiches" nicht in Herrschaft oder Gewalt besteht, sondern in Wahrheit, Liebe und Freiheit: Sein Königtum ist nicht von dieser Welt (vgl. Jesus von Nazareth, Zweiter Teil, 213-215 und 220f.; JRGS 6, 559-561 und 564f.).

nen, im Streben nach Vereinigung mit den Geschöpfen, dessen höchster Ausdruck die Krippe und das Kreuz sind.[222] Gottes wahre Größe zeigt sich in der Liebe, und infolgedessen wird auch der Mensch umso größer, er entspricht umso mehr seinem eigenen göttlichen Plan, je mehr er fähig wird, ebenso zu lieben wie Gott.

„Gottebenbildlichkeit heißt: Verwiesenheit".[223] Die „anthropologische Grundfigur"[224] der Relationen ‚Von', ‚Mit' und ‚Für'[225], macht, weil sie das trinitarische Wesen Gottes selbst widerspiegelt, den Menschen fähig, wirklich Person zu werden. Darin liegt seine Größe, die zugleich aber auch ein Risiko beinhaltet: Die hohe Berufung des Seins, die ihm geschenkt ist – die Berufung zur Fülle der Liebe – übersteigt die rein menschlichen Kräfte. Die Entscheidung dafür, sich zu öffnen, ist daher mit dem Eingeständnis verbunden, dass die horizontal-menschliche Liebe allein nicht genügt, dass der Mensch der bedingungslosen und ganz und gar offenen Liebe Gottes bedarf, um in Fülle lieben zu können. Sich der Liebe Gottes zu verschließen unter dem Vorwand einer sich selbst genügen wollenden Bruderliebe, „würde gerade so zum äußersten Egoismus der Selbstbehauptung werden [...], weil der Mensch sich nicht im Zueinander der Mitmenschlichkeit allein vollendet, sondern erst im Miteinander jener zwecklosen Liebe, die Gott selbst verherrlicht".[226] Infolgedessen, so Ratzinger, ist der Mensch „am meisten Mensch, wenn er aus sich heraustritt; wenn er fähig wird, zu Gott Du zu sagen";[227] „Der Mensch wird wahr, wird er selbst, wenn er gottgemäß wird. Dann kommt er zu seinem eigentlichen Wesen"[228], zur zweiten Geburt ins übernatürliche Sein hinein. Dies ließe sich auch dahingehend deuten, dass jene göttliche Prägung, die der Mensch aufgrund seiner Gottebenbildlichkeit in seinem Inneren trägt und die ihn in seinem Personsein ausmacht, nur in dem Maße offenbar wird und sich entfalten kann, in dem das Ich sich selbst transzendiert und zulässt, dass die Spur Gottes in ihm zur Geltung kommt.[229] Der Weg zu diesem Ziel führt für den Menschen über einen Prozess der Reifung, durch den er schließlich bereit wird, die Gabe der übernatürlichen Gnade zu empfangen; mit ihrer Hilfe kann er jenes letzte Ziel erreichen, auf das hin er ausgerichtet ist und dessen er fähig ist,[230] das aber seine natürlichen Kräfte übersteigt. Die Dynamik dieses Weges motiviert den Menschen dazu, sich selbst zu überschreiten[231] und den Schritt auf Gott hin zu wagen; er muss dabei alle seine Fähigkeiten ins Spiel bringen – ganz besonders die Freiheit. Das Leben ist uns

---

222 Ratzinger bringt das Wesen dieser beiden Heilswahrheiten auf den Punkt, indem er feststellt: „Nicht der Schmerz als solcher zählt, sondern die Weite der Liebe, die die Existenz so ausspannt, dass sie das Ferne und das Nahe vereint, den gottverlassenen Menschen mit Gott in Beziehung bringt" (Einführung in das Christentum, 274; JRGS 4, 266).

223 Im Anfang schuf Gott, 51; vgl. auch Einführung in das Christentum, 174; JRGS 4, 178f.

224 Freiheit und Wahrheit, 200.

225 Vgl. dazu vor allem den zweiten Teil von Ratzingers Exkurs zur christlichen Existenz in der „Einführung in das Christentum" mit dem Titel „Das Prinzip ‚Für'": „Christsein bedeutet wesentlich den Übergang vom Sein für sich selbst in das Sein füreinander" (237; JRGS 4, 232f.).

226 Ebd., 271, JRGS 4, 263f.

227 Im Anfang schuf Gott, 51.

228 Jesus von Nazareth, Zweiter Teil, 216; JRGS 6, 561.

229 Vgl. Was ist der Mensch?, 42.

230 Ratzinger definiert den Menschen an einer Stelle als „das Wesen, das Gott zu denken vermag" (Im Anfang schuf Gott, 52).

231 Vgl. ebd., 51.

„nicht einfach fertig vorgezeichnet. Was Menschsein ist, bleibt für jeden von uns auch Aufgabe, Anruf an seine Freiheit“.[232]

Der Gedanke der Freiheit als von Gott seinen Geschöpfen im Augenblick der Schöpfung mitgegebenes konstituierendes Element zieht sich durch Ratzingers gesamtes Werk. Die Freiheit ist für ihn einerseits die Bedingung der Möglichkeit, um auf den Plan Gottes überhaupt antworten zu können, andererseits der spezifische Gebrauch dieser Fähigkeit und damit die letztendliche Verwirklichung des inneren Plans des eigenen Personseins. Tatsächlich kann ja die Liebe, die unser aller Berufung ist, nur frei und unentgeltlich, in einem Klima des gegenseitigen Respekts und des Vertrauens, geschenkt und empfangen werden. Eben deshalb ist sie so wertvoll; und eben deshalb ist auch das Wertvollste, was wir Gott schenken können, unsere Freiheit. Alles andere hat er bereits, aber „das freie Ja der Liebe ist das Einzige, worauf Gott warten muss“.[233] Ratzinger fasst diese Wahrheit über den Menschen im Zusammenhang mit seinen Ausführungen über den höchsten Seinsstatus, der in der Berufung zur kindlichen Teilhabe am göttlichen Leben des Vaters (nach dem Vorbild Jesu Christi, des exemplarischen Menschen) begründet liegt, mit folgenden Worten zusammen:

> *„[I]n der Beziehungslosigkeit, würde er [der Mensch] sich selbst zerstören. Und gerade in dieser Grundstruktur ist Gott abgebildet. Denn es ist ein Gott, der in seinem Wesen ebenfalls Beziehung ist, wie uns der Dreifaltigkeitsglaube lehrt. Die Beziehung des Menschen ist also zunächst zwischenmenschlicher Art, aber sie ist auch angelegt als die Beziehung auf den Unendlichen, auf die Wahrheit, die Liebe selber hin. […] Anbetung in einem richtigen Sinn verstanden heißt, dass ich mein Wesen erst als Beziehungssein richtig lebe, dass ich damit die innere Idee meines Seins richtig lebe. Und dann ist es ein Leben, das auf den Willen Gottes, nämlich auf das Einverständnis mit der Wahrheit und mit der Liebe geht. Es geht […] darum […], den Pfeilflug unseres Daseins anzunehmen. Zu akzeptieren, dass nicht Endliches mein Zweck ist und mich daher verpflichten kann, sondern dass ich hinausreiche über alle anderen Zwecke. Nämlich in das innere Einssein mit dem, der mich als Beziehungspartner gewollt hat und mir gerade darin die Freiheit gegeben hat.“*[234]

Diese übernatürliche Dimension bildet die letzte und abschließende Etappe auf unserem ‚Streifzug‘ durch die anthropologischen Grundlagen von Ratzingers Denken. Die notwendigste aller Beziehungen des Menschen ist gerade die Beziehung zu seinem Schöpfer, dem Geber und Erhalter seines Daseins, zu jenem Du schlechthin, das zugleich Urbild und Mitte einer jeden Beziehung darstellt.[235] Im Unterschied zur Haltung dessen, der sich in sich selbst verschließt und vorgibt, sein eigener Schöpfer zu sein, entspricht dies der Grundhaltung des Sich-Öffnens und Empfangens. Die Offenheit gegenüber Gott versetzt uns in die Lage, selbst geben und empfangen zu können, in die Bereitschaft zur Liebe, zur Annahme unserer selbst und unseres Nächsten, die das Ziel unseres Lebens darstellt. Die Alternative zwischen der Aner-

232 Ebd., 47.
233 Einführung in das Christentum, 268; JRGS 4, 261.
234 Salz der Erde/Gott und die Welt, 391f.
235 Vgl. Auf Christus schauen, 32; JRGS 4, 422.

kennung Gottes und seiner Leugnung ist daher letztlich nichts anderes als die bereits beschriebene Alternative zwischen Liebe und Egoismus, zwischen der Offenheit für Gottes Liebe, die uns selbst fähig macht, Liebe zu schenken, und dem Sich-Verschließen vor ihr, das unfähig macht zu lieben.

Diese Entscheidung, vor die wir gestellt sind, lässt sich aus christlicher Sicht anthropologisch deuten. Wenn wir die Realität aufmerksam betrachten, erscheint es als Tatsache, dass jeder einzelne Mensch und die ganze Menschheit in sich eine Spannung zwischen zwei gegensätzlichen Tendenzen verspüren: zwischen dem Streben nach Öffnung auf die Transzendenz Gottes und die Mitmenschen hin und der Attraktivität unmittelbarer Befriedigung;[236] zwischen der Liebe zum Guten, die Einheit schafft, und dem Egoismus, der Trennung verursacht.[237] Augustinus drückt dieselbe Wahrheit in seinem „Gottesstaat“ mit anderen Worten aus: „Zwei Lieben sind es, die die beiden Staaten schufen: die Selbstliebe bis zur Gottesverachtung schuf den irdischen, die Gottesliebe bis zur Selbstverachtung schuf den himmlischen Staat.“[238] Nach Ratzinger kann freilich nur die zweite Art der Liebe wirklich den Namen Liebe beanspruchen, während die erste gerade die Verweigerung der Liebe wäre.[239] Infolge der zweiten Tendenz neigt der Mensch zur Synergie (zum Zusammenwirken) mit dem Willen Gottes, aber er stößt auf Widerstand vonseiten der ersten Tendenz.[240] Das gegensätzliche Aufeinandertreffen beider Tendenzen „ist die eigentliche Tragödie des Menschen“[241], weil es zu seiner inneren Verfasstheit gehört.[242] Dieser

236 Vgl. Salz der Erde/Gott und die Welt, 339. Es finden sich bei Ratzinger mehrere bemerkenswerte Umschreibungen dieser Spannung, die es lohnenswert scheint, hier zu zitieren: In „Auf Christus schauen“ beschreibt er die Situation des Menschen als „grundsätzlich durch die [...] Spannung zweier gegensätzlicher Tendenzen gekennzeichnet, die die ganze Geschichte hindurchgehen: die innere Offenheit der menschlichen Seele für Gott auf der einen Seite, die stärkere Kraft unmittelbarer Bedürfnisse und Erfahrungen auf der anderen Seite. Zwischen beidem ist der Mensch hin- und her gerissen“ (31; JRGS 4, 421). In „Jesus Christus heute“ erscheinen diese beiden Tendenzen als „zum einen die Gier nach Fülle, nach Unendlichkeit, die mit den Begrenzungen unseres Lebens kontrastiert; zum anderen der Wille, dies Ganze ohne Schmerz, ohne Anstrengung einfach zu haben“ (69; JRGS 6, 986). In „Gratia praesupponit naturam“ wird sie beschrieben als „der Zwiespalt [...], die eigentümliche Spannung des Menschenwesens, die sich in einer Natur anmeldet, welche ebenso sehr Ausdruck des göttlichen Anrufs wie seines Zornes ist“ (177).

237 Im gesellschaftlichen Bereich sieht Papst Benedikt XVI. einen Ausdruck dieser Spannung im Gegensatz zwischen Solidarität und Habsucht, wie er dies bei seiner letzten Reise nach Benin im Gespräch mit Journalisten zum Ausdruck brachte. Die „universale Brüderlichkeit“, so der Papst, erfordere Verzicht; sie verlange von uns, „den Egoismus zu überwinden und für den anderen da zu sein. Und das ist leicht gesagt, aber schwer zu verwirklichen. Der Mensch, wie er nach dem Sündenfall dasteht, will sich selbst besitzen, er will das Leben haben und nicht das Leben hingeben. Alles, was ich habe, möchte ich behalten. Aber mit dieser Gesinnung, in der ich nicht geben, sondern haben will, können die großen Vorhaben natürlich nicht gelingen“ (Pressekonferenz auf dem Flug nach Benin, 18. September 2011).

238 Aurelius Augustinus, Der Gottesstaat – De civitate Dei, XIV, 28, übs. Carl Johann Perl, Paderborn et al.: 1979, 989.

239 Vgl. Salz der Erde/Gott und die Welt, 301.

240 Ratzinger greift in diesem Zusammenhang die Aussage Maximus’ des Bekenners auf, „dass der menschliche Wille schöpfungsgemäß auf die Synergie (das Zusammenwirken) mit Gottes Willen hin tendiert, dass freilich durch die Sünde aus Synergie Opposition geworden ist“ (Jesus von Nazareth, Zweiter Teil, 182; JRGS 6, 538).

241 Theologische Prinzipienlehre, 93.

242 Vgl. Auf Christus schauen, 84; JRGS 4, 462: „Das Sündigenkönnen gehört zu unserer kreatürlichen Grundsituation, erst recht nach dem Fall.“ Dies äußert sich in unserer alltäglichen Lebenserfahrung: „Denn während wir die Liebe als das wahrhaft Rettende beschrieben, mussten wir bereits feststellen, dass es in jeder menschlichen Liebe den Bodensatz des Egoismus gibt, der sie verdirbt und letztlich ungenügend macht“ (Kein Heil außerhalb der Kirche?; JRGS 8, 1073).

„inhumane Faktor“ mit seinen „Kräften des Antihumanen, die den Menschen an der Selbstwerdung hindern“[243] verschließt den Menschen – im Gegensatz zum wahrhaft Menschlichen, das uns bei der Schöpfung als ursprüngliche Ordnung eingepflanzt wurde[244] – auf egoistische Weise in sich selbst und verhindert die Bindungen der Liebe. Mehr als um ein bloß theologisches Konzept, handelt es sich hier um eine unleugbare „grundsätzliche Gegebenheit“[245], „eine zweite Natur [...], deren Kern die Ichverfallenheit – die concupiscentia – ist“[246] und die aus jedem Menschen einen zweiten Adam macht. Das Gefühl der persönlichen Schuld, auf das die Psychotherapie immer wieder stößt, bestätigt dies;[247] ebenso die Tatsache, dass in der Psychologie die ‚Isolation des Ichs‘ als eine Störung betrachtet wird.[248] Die Quelle der ‚Ichverfallenheit‘ ist die Erbsünde, jenes „Weggehen von der Wahrheit des eigenen Seins“[249], durch das der Mensch seinem auf Selbstüberschreitung hin angelegten relationalen Wesen den Rücken kehrt, sich in das Schneckenhaus seiner selbst zurückzieht und von seinen Mitmenschen abkapselt. Sie bedeutet im Letzten die „Leugnung der Beziehung“[250], in dem Bestreben, sein zu wollen wie das Paradigma des autarken Gottes, ohne des anderen noch zu bedürfen. Daher kann die Wirkung der Erbsünde auch in nichts anderem bestehen als in der Spaltung – innerlich durch die Unfähigkeit, sich selbst in rechter Weise anzunehmen, äußerlich durch die Entfremdung vom Ich der übrigen Menschen und von dem des Schöpfers.[251] Die Folge davon ist, dass der andere auf ein bloßes Mittel reduziert wird, das sich leicht kontrollieren lässt in dem anmaßenden Bestreben, die Welt selbst neu erschaffen zu wollen. Die notwendige Befreiung von dieser Last muss sich daher zwangsläufig über die Einheit vollziehen, durch die Wiedervereinigung einer Menschheit, die durch Konfrontation und Konkurrenzdenken innerlich zerrissen ist.

243 Theologische Prinzipienlehre, 97.
244 Vgl. Gratia praesupponit naturam, 174: „Dieses wahrhaft Menschliche des Menschen, die Schöpfungsordnung Mensch, ist in keinem Menschen ganz erloschen; [...] aber freilich ist sie [...] überklebt von dem schmutzigen Filz, den Pascal einmal treffend die ‚seconde nature‘ des Menschen genannt hat.“
245 Theologische Prinzipienlehre, 97.
246 Gratia praesupponit naturam, 174.
247 Vgl. dazu Theologische Prinzipienlehre, 59f.: „[I]m säkularen Bereich ist auf ihre Art die Psychotherapie darauf gestoßen, dass unbewältigte Schuld den Menschen spaltet, seelisch und zuletzt auch körperlich zerstört und dass es Bewältigung nicht gibt ohne das Gegenüber, das das Verdrängte und von innen heraus Schwärende ins Bekenntnis hinein löst: Die zunehmende Zahl solcher säkularer Beichtväter sollte auch einem Blinden zeigen, dass Sünde keine jüdische Erfindung, sondern die Last aller Menschen ist.“
248 Vgl. Auf Christus schauen, 40; JRGS 4, 428.
249 Ebd., 94; JRGS 4, 471.
250 Im Anfang schuf Gott, 72.
251 Die Sünde spaltet den Menschen innerlich, wie Ratzinger in einem seiner ersten Werke schreibt: „Das Wesen der Sünde ist die Sonderung in den Egoismus des je einzelnen hinein. Sünde ist ein Mysterium der Trennung, der Zerrissenheit, durch das die Menschheit zerspalten ist in den Egoismus der Vielen, von denen jeder nur sich selber kennt und versteht. Ihr geheimnisvolles Zeichen ist Babylon, der Ort der Sprachenverwirrung, in dem der Egoismus die Brücken des Verstehens abgebrochen hat“ (Joseph Ratzinger, Das neue Volk Gottes: Entwürfe zur Ekklesiologie, Düsseldorf: 1969, 104). Oder an anderer Stelle: „Der Mensch ist [...] hin und her gerissen zwischen der ursprünglichen Schöpfungsspannung und seiner geschichtlichen Erbschaft. Diese Möglichkeit ist im Wesen des Endlichen, des Geschaffenen bereits angelegt, hat sich aber durch die Geschichte erst ausgebildet. Der Mensch ist einerseits zur Liebe geschaffen. [...] Aber ihm liegt auch nahe, sich zu verweigern, nur er selber sein zu wollen. Diese Veranlagung steigert sich dahin, dass er einerseits Gott lieben, dass er sich aber auch über Gott ärgern und sagen kann, ich möchte eigentlich unabhängig sein, ich möchte nur ich selber sein“ (Salz der Erde/Gott und die Welt, 339).

Die Feststellung, dass die Tendenz zum Egoismus den Menschen nach unten zieht, beweist, dass er ursprünglich „aus Erde“ (Gen 2,7) geschaffen wurde[252]; unfähig, sich aus eigener Kraft heraus selbst zu überschreiten, lebt er in innerer Abhängigkeit von den Dingen dieser Welt und von sich selbst. Die ungeordnete Abhängigkeit von sich selbst, die ‚Ichverfallenheit‘, ist in der Tat ein konstitutives Merkmal des Menschen. Kann man angesichts dieser Feststellung vom Menschen noch etwas Gutes erwarten? Lässt sie nicht vielmehr den weit verbreiteten anthropologischen Pessimismus des 20. Jahrhunderts berechtigt erscheinen? Nichtsdestoweniger verliert Ratzinger zu keiner Zeit die Tatsache aus den Augen, dass zusammen mit diesem Egoismus im Menschen auch das Streben nach Transzendenz existiert; gerade darin besteht für ihn der wahre Realismus. Und er ist sich ferner dessen bewusst, dass die Spannung zwischen beiden Kräften ihre ganze Dramatik in der Passion Christi entfaltet, der als wahrer Gott und wahrer Mensch beide Tendenzen in sich vereint.

Das Vergessen dieser Wahrheit über den Menschen hat einerseits das Aufkommen neuer Ängste bewirkt, aus denen es keinerlei Hoffnung auf Ausweg zu geben scheint,[253] andererseits die Entstehung utopischer Auffassungen über den Menschen und die Gesellschaft, die die Anstrengung des Exodus, den der Weg der Liebe erfordert, verächtlich beiseiteschieben und stattdessen die Autarkie oder die totale Freizügigkeit zum allein seligmachenden Prinzip erklären. Da jedoch die Neigung zur Sünde in unserem eigenen Inneren und in der Welt, die uns umgibt, tief verwurzelt ist, erleben wir uns eingebunden in Beziehungen und wachsen in solchen auf, die bereits durch die Sünde gestört sind und die wir selbst nicht heilen können. Allein der Schöpfer kann alle diese Beziehungen wiederherstellen und er muss sich dazu des einzig wirksamen Gegenmittels bedienen: einer Liebe, die ganz aus sich heraustritt und sich völlig ausliefert, die bedingungslos vergibt und so erlösend wirkt.[254] Eine solche Liebe verlangt freilich von ihren Geschöpfen den Verzicht auf jeglichen Versuch, sich durch nutzlose Aktivität selbst rechtfertigen zu wollen; stattdessen sind sie aufgefordert, jene Erlösung anzunehmen, die ihnen durch die einzig wahre Liebe selbst zuteilwird.[255]

Das Angelegtsein des Menschen auf Beziehung, das sich aus seiner Teilhabe am Wesen Gottes ergibt, bringt jene „allgemeine ontologische Brüderlichkeit“ hervor,

252 Anhand des Verweises auf Gen 2,7, zusammen mit Gen 8,21, erläutert Ratzinger im dritten Teil seines Aufsatzes „Was ist der Mensch?“ (44-47), was sich für ihn im Licht der biblischen Offenbarung – neben der Fähigkeit zur Transzendenz – als die zweite Dimension der menschlichen Natur darstellt.

253 Ratzinger stellt zwei Arten von Furcht einander gegenüber: die Furcht vor dem Unendlichen und die Furcht vor der eigenen Endlichkeit. Letztere stellt sich ein, „nachdem man dem Unendlichen statt mit Liebe mit Angst begegnet war und diese Angst durch seine Leugnung glaubte abgeschüttelt zu haben. Aber die Furcht vor der Endlichkeit ist erschreckender und trostloser, als die abgeworfene Furcht vor dem Unendlichen je sein könnte, in der immer das Geheimnis des Trostes verborgen auf uns wartet. [...] Wer Gott preisgibt, um sich von dieser wahren Furcht zu befreien, tritt in eine Tyrannis der Furcht ohne Hoffnung ein“ (Auf Christus schauen, 85; JRGS 4, 463).

254 Vgl. Im Anfang schuf Gott, 73: „Jeder ist [...] in seinen Beziehungen gestört, empfängt sie nicht, wie sie sein sollten. [...] Damit wird nun aber auch klar, dass der Mensch sich nicht allein erlösen kann. [...]. Erlöst werden können wir nur, wenn der, von dem wir uns abgeschnitten haben, neu auf uns zugeht und uns die Hand reicht.“

255 Vgl. Einführung in das Christentum, 270; JRGS 4, 263.

die dank der durch Christus gewirkten Erlösung zur brüderlichen Gemeinschaft der Kinder Gottes in Christus und untereinander führt, das heißt, zur Familie Gottes. Daher ist es für alle Gläubigen von fundamentaler Bedeutung, „ihre Geschwisterlichkeit [zu] entdecken und selbst aus dieser Entdeckung [zu] leben".[256] Die in Werken ausgedrückte Nächstenliebe, die den christlichen Glauben seit seinen Anfängen geprägt hat, hat gerade darin ihr Fundament. Die Menschwerdung, verbunden mit der vollkommenen Vereinigung von göttlicher und menschlicher Natur in der Person des Wortes – unvermischt und ungetrennt –, ist der Schlüssel zum Verständnis der christlichen Weltanschauung und Anthropologie. Die gegenseitige Einheit erscheint somit als das Ziel, auf das alles Sein in beständiger innerer Spannung hin ausgerichtet ist.[257] Diese Einheit vollzieht sich in der Komplementarität aller Einzelwesen mit ihren jeweiligen Unterschieden. Die vollkommen harmonische Einheit von einander scheinbar entgegengesetzten Elementen – göttlicher und menschlicher Natur – in der einen Person des göttlichen Wortes[258] erschließt uns folglich auch das Verständnis für das eigentliche Wesen des Menschen und der ganzen Menschheit, welche ebenfalls dazu berufen sind, einander gegenseitig zu ergänzen.[259] Nur so können sie durch die Beziehungen des ‚Von', ‚Für' und ‚Mit' in von Liebe getragener Zusammenarbeit, anstelle einer Haltung der Konkurrenz oder des trennenden Besitzdenkens, den Reichtum des Seins, die Harmonie der Schöpfung gemeinsam verwirklichen: Einheit heißt nicht Uniformität.[260]

Darüber hinaus ist die Menschwerdung des Wortes Gottes aber auch jener Ort, an dem der eigentliche Schöpfungsplan des Menschen seine volle Verwirklichung erfährt.[261] Die Berufung des Menschen zur Relationalität gelangt in Christus zu

256 Die anthropologischen Grundlagen der Bruderliebe, 113f. Die Entdeckung dieser Geschwisterlichkeit erfolgt nach Ratzinger also schrittweise: Das offenbarte Wissen um den Schöpfergott führt zum Bewusstsein von der Würde des Menschen und der brüderlichen Verbundenheit aller Menschen untereinander. Für den Glaubenden wird es schließlich „zum dringenden Imperativ", in der Nachfolge Christi, der „selbst in die Tatsächlichkeit menschlichen Lebens und Leidens eingetreten ist", dieses Wissen um die allgemeine Geschwisterlichkeit im eigenen Leben auch in die Tat umzusetzen (vgl. ebd.).

257 Vgl. dazu den ersten Teil des Exkurses „Strukturen des Christlichen" in der „Einführung in das Christentum" mit dem Titel „Der Einzelne und das Ganze", wo Ratzinger die These formuliert, „dass es den bloß einzelnen nicht gibt, dass der Mensch vielmehr er selbst ist allein in der Verspannung ins Ganze: in die Menschheit, in die Geschichte, in den Kosmos, wie es ihm als ‚Geist in Leib' geziemt und wesentlich ist" (230f.; JRGS 4, 226).

258 Vgl. Schauen auf den Durchbohrten, 76-79. Ratzinger erläutert dort anhand der Lehre des dritten Konzils von Konstantinopel und deren Auslegung durch Maximus Confessor, wie in Christus dieser „wunderbare Tausch", diese „Alchemie des Seins" möglich ist (78).

259 Diese Einsicht übernimmt Ratzinger von Romano Guardini, der in seinem Werk „Der Gegensatz: Versuche zu einer Philosophie des Lebendig-Konkreten" den Unterschied zwischen ‚Gegensatz' und ‚Widerspruch' untersucht. Gegensätze sind nach Guardini komplementär, sie machen den Reichtum der Wirklichkeit aus. Guardini hat daher für Ratzinger „in der vielfältigen Spannung des Lebendigen den Reichtum des Seins geschaut. Gegensätze verweisen aufeinander, brauchen einander und ergeben so erst die Symphonie des Ganzen" (Zwischenspiel, 40).

260 Dieser Grundsatz prägt auch das Christentum: „Der christliche Glaube, der von der Berufung eines jeden Menschen überzeugt ist, wird [...] die Gleichheit der unterschiedlichen Wege herausstellen und in der Symphonie der vielen Berufungen die Einheit und Gleichwürdigkeit aller Menschen erkennen" (Theologische Prinzipienlehre, 359).

261 Vgl. dazu Ratzingers Überlegungen über das „Ecce homo"-Motiv im zweiten Teil seines Werks Jesus von Nazareth (223; JRGS 6, 566); ferner auch: Im Anfang schuf Gott, 58f.

ihrer ganzen Fülle. Seine gesamte Existenz als Sohn ist ein vollkommenes Ja zum Vater, dessen Willen er sich aus Liebe überlässt. Sein und Handeln werden in ihm zu einer Einheit,[262] und als Folge davon lebt er in vollkommener Liebesgemeinschaft sein Leben als Sohn, in innerer Abhängigkeit vom Vater und in Hingabe an die ihm aufgetragene Sendung. Sein Ich vereinigt sich mit dem des Vaters in einer vollkommenen Ekstase der Liebe – er empfängt alles ‚vom' Vater, er gibt sich ganz ‚für' Ihn hin im vollendeten ‚Mit' der Gemeinschaft –, ohne dabei freilich seine Identität als Person zu verlieren, kurz: „Jesus Christus [...] ist der ganz über sich hinausgekommene und so der wahrhaft zu sich gekommene Mensch."[263] Die Synergie der Vereinigung mit dem Willen des Vaters wird in Jesus Christus konkret wirksam, indem er seinen menschlichen Willen aus freien Stücken dem Willen des göttlichen Wortes übereignet. Die Beziehung zwischen beiden Willen besteht weder in völliger Absorption noch im gegenseitigen Widerstreben, sondern in freier und harmonischer Vereinigung. Christi Akt der Liebe stellt auf diese Weise die verlorene Einheit des Menschen wieder her – innerlich wie zwischenmenschlich –, die durch das ungeordnete Streben nach Selbstbehauptung, im Widerspruch zur Wahrheit des menschlichen Seins, gestört wurde. Seine radikale Hingabe an den Willen des Vaters eröffnet auch uns die Gnade des radikalen Exodus hin zur Liebe; durch sie wird Christus der ‚neue Adam' (vgl. Röm 5 und 1 Kor 15), der exemplarische Mensch, Weg und Urbild der menschlichen Berufung.[264]

3.6 Zusammenfassung

Unsere Überlegungen über die Wahrheit des Menschen, anhand derer es uns möglich war, die Anthropologie Ratzingers in ihren Grundzügen zu skizzieren, laufen letztendlich auf den Gedanken hinaus, dass der Mensch ein für die Gemeinschaft geschaffenes Wesen ist, kein absolutes, sondern ein abhängiges und begrenztes Wesen, das in seiner Eigenschaft als Geschöpf sein ganzes Dasein empfangen hat. Dabei handelt es sich freilich nicht um irgendein Dasein, sondern um ein geistiges Dasein – geschaffen nach dem Ebenbild Gottes, der selbst Persongemeinschaft ist und uns von daher zur Einheit in der Liebe bestimmt hat. Eben diese Liebe, für die wir ins Dasein gerufen wurden und die nur umsonst geschenkt und empfangen werden kann, bewirkt auch, dass die Abhängigkeit, in der wir stehen, keine sklavische, degradierende Abhängigkeit mehr ist, sondern sich in Freiheit wandelt.[265] Nach einer Ansprache, die Joseph Ratzinger in seiner Eigenschaft als Papst 2008 an die Teilnehmer einer Studientagung über die Identität des Individuums richtete, lassen sich „die wesentliche[n] Elemente des Geheimnisses des Menschen" darin zusammenfassen, dass dieser

262 Vgl. Einführung in das Christentum, 212-214; JRGS 4, 210-212.
263 Ebd., 221; JRGS 4, 218.
264 Vgl. Das Menschenbild des Konzils in seiner Bedeutung für die Bildung, 53; JRGS 7, 878, sowie Einführung in das Christentum, 220-228; JRGS 4, 217-225.
265 Vgl. Im Anfang schuf Gott, 93.

„von der Andersheit geprägt ist: ein von Gott nach dem Bild Gottes geschaffenes Wesen, ein geliebtes Wesen, das geschaffen wurde, um zu lieben. Als Mensch ist er nie in sich selbst verschlossen; er ist immer Träger der Andersheit und steht von Anfang an in Interaktion mit anderen Menschen […].“[266]

Das anthropologische Konzept der Relationalität hat in letzter Zeit gegenüber anderen Menschenbildern an Gewicht gewonnen. Wir haben seine Bedeutung für das Zweite Vatikanum bereits angesprochen. Das in der Lehre der Kirchenväter und im mittelalterlichen Denken verankerte Bild vom Menschen als dem „aus Leib und Seele komponierten“ Wesen wird somit ergänzt durch das Modell „des vor der Menschheit und ihrer Zukunft verantwortlichen Wesens“.[267]

Die Relationalität innerhalb der Person kollidiert andererseits mit dem kollektivistischen Menschenbild des Marxismus und mit dem individualistischen Menschenbild des Liberalismus. Im ersten Fall haben wir es mit einer Reduktion der Person auf den Gesellschaftsapparat zu tun, die einer ‚mythologisierten' Vision der Geschichte und des gesellschaftlichen Fortschritts sowie einer materialistischen Vorstellung vom Menschen entspringt.[268] Im zweiten Fall ist eine Reduktion der Person auf das bloße Individuum erfolgt, die dessen unverzichtbare soziale Dimension sowie das Bedürfnis nach Bindungen völlig ignoriert.[269] Dies kann so weit gehen, dass, wie etwa im radikalen Existenzialismus, die Person ihres eigentlichen Wesens verlustig geht und ihr nur noch eine Freiheit ohne Sinn und Orientierung verbleibt; sie kann dann zwar wählen, weiß aber nicht, zu welchem Zweck. Neben dem bereits Beschriebenen geht mit dem radikal individualistischen Menschenbild auch eine Leugnung und eine Absonderung einher: die Leugnung der radikalen Abhängigkeit des Menschen – von den anderen und von dem Anderen schlechthin – und die Absonderung voneinander durch die Behauptung absoluter Autonomie. Die Folge ist, dass der Mensch einsam geworden ist, unfähig, sich zu verschenken, aus sich herauszutreten und sich zu transzendieren, und von daher auch unfähig zur wahren Liebe. Angesichts dieser Einsamkeit sucht der Mensch Ersatzbefriedigungen im Besitzen, im Herrschen, im Drogenkonsum, im Prahlen mit der eigenen Leistung vor anderen, aber keine dieser Ersatzbefriedigungen vermag ihn wirklich zu erfüllen. Noch verheerender ist das Erbe, das der Existenzialismus hervorgebracht hat: Dem zur Freiheit verdammten Menschen verbleibt nach dieser Auffassung nur mehr der Ekel am Dasein und die ‚Hölle' der anderen.[270]

Die christliche Offenbarung kann all diejenigen Überlegungen, die sich in den vorangegangenen Abschnitten aus unserem philosophischen Streifzug durch das Werk Joseph Ratzingers ergeben haben, nur bestätigen. Die Fülle des Seins, nach der der Mensch von Natur aus strebt, kommt ihm von der Liebe her zu, während andererseits das größte Unglück, das bitterste Scheitern, eine Folge der Lieblosigkeit wäre, der Unfähigkeit zu lieben oder Liebe zu empfangen. Diese philosophische Einsicht,

266 Benedikt XVI., Ansprache an die Teilnehmer der interakademischen Studientagung zum Thema „Die wechselnde Identität des Individuums“, 28. Januar 2008.
267 Das Menschenbild des Konzils in seiner Bedeutung für die Bildung, 51; JRGS 7, 877.
268 Vgl. Freiheit und Befreiung, JRGS 8, 410f.; Jesus Christus heute, 68; JRGS 6, 985.
269 Vgl. Freiheit und Wahrheit, 199ff.
270 Vgl. ebd., 189f.

die sich aus der elementarsten Erfahrung des Menschen gewinnen lässt, findet ihre Bestätigung in der Gewissheit, dass wir von der Liebe und für die Liebe erschaffen wurden, so dass wir untereinander eine Gemeinschaft der Liebe bilden – im natürlichen wie im übernatürlichen Sinn. Das erste Gebot des Dekalogs entspricht infolgedessen – auch in seinen unzähligen säkularen Formulierungen – dem eigentlichen Wesen des Menschen.

Ferner haben wir deutlich erkannt, dass es für den Menschen unmöglich ist, sein Personsein in völliger Isolation und Autarkie zu leben. Seine Leiblichkeit und sein Eingebundensein in eine geschichtliche bzw. kulturelle Tradition zeugen einerseits davon, dass er sich anderen verdankt, andererseits verweisen ihn diese Charakteristika auf die unbedingte Notwendigkeit gegenseitiger Beziehungen. Die Sprache enthält erst durch ihre Bestimmung zu kommunizieren ihren eigentlichen Sinn; sie befähigt uns, mit anderen in Dialog zu treten, unsere Gedanken gegenüber denjenigen zu äußern, mit denen wir in Beziehung treten.[271] Die Bilder vom Mutterschoß und vom Nest, die sich als ‚anthropologische Figuren' auf die gesamte Menschheit anwenden lassen, offenbaren uns das relationale Wesen des Menschen, der von der Bindung her und für die Bindung im positiven Sinn des Wortes existiert. Was aus einem anderen Blickwinkel vielleicht als Abhängigkeit erscheinen könnte, die uns in unserer Freiheit einschränkt, erweist sich, so gesehen, als eine Stärkung des eigenen Personseins. Denn wenn die Liebe diejenige Kraft ist, die jeden Menschen zu seiner eigentlichen Erfüllung führt und alle in ihm liegenden Möglichkeiten zur Entfaltung bringt, dann wird aus dem, was zunächst wie ein Verlust von Autonomie aussah, in Wahrheit Gewinn. Auf diese Weise findet die wechselseitige Beziehung von begehrendem ‚Eros' und sich mitteilender ‚Agape' ihr inneres Gleichgewicht und ihren letzten Sinn in einer menschlichen Existenz, die aus sich heraustritt und auf den anderen zugeht, um „im rechten Sichverschenken sich erst wahrhaft zurückzuerhalten".[272]

Nicht weniger wichtig ist die Einsicht, dass die Sehnsucht des Menschen nach Fülle, nach dem Absoluten und nach Vollkommenheit nicht dazu verurteilt ist, für immer unerfüllt zu bleiben[273], sondern dass sie Erfüllung finden kann dank der Existenz einer Person, die als höchstes Gut alle Vollkommenheit und alle Liebe in sich vereint. Gott neigt sich dem Menschen in der Person des fleischgewordenen Wortes zu und darin besteht die definitive Antwort auf die Intentionalität des Menschen, auf sein Bedürfnis nach Transzendenz. Anstelle der Leugnung dieses Bedürfnisses oder seiner Befriedigung durch endliche Wirklichkeiten, die uns nie ganz zufriedenstellen können, bietet sich uns hier mit allem Realismus die Option der „ontologischen – seinshaften – Demut"[274], der schlichten Annahme dessen, was wir sind – unserer Begrenztheit in Würde – und des Planes, der unserem Leben Sinn gibt. Indem das Christentum einander entgegengesetzte, aber keineswegs unvereinbare Elemente miteinander in Einklang bringt, vermag es eine überzeugende Antwort auf die

271 Daher ist Kommunikation unter Menschen, die sich für völlig autark halten, eigentlich nicht möglich (vgl. Theologische Prinzipienlehre, 54).

272 Im Anfang schuf Gott, 52.

273 Die Forderung, von diesem hohen Ideal des Menschen doch besser Abstand zu nehmen, beurteilt Ratzinger als kleingeistig (vgl. Jesus Christus heute, 62; JRGS 6, 976).

274 Im Anfang schuf Gott, 93.

Frage nach dem Menschen zu geben. Endlichkeit und Unendlichkeit, Menschliches und Göttliches, Sünde und Gnade, Relatives und Absolutes begegnen einander im Wesen des Menschen in harmonischer Koexistenz, ohne dass eine Seite verworfen werden müsste – vorausgesetzt, der Mensch entscheidet sich für das innere Gleichgewicht von Annahme und Offenheit.

Derartige Offenheit für die Beziehung und Respekt vor der Würde der Person verlangen vom Menschen freilich konsequenterweise, dass er auf die Sicherheit des Besitzen- und Kontrollieren-Wollens verzichtet, um stattdessen auf die freie Antwort der Liebe zu warten. Dieser Verzicht fällt uns nicht leicht, denn er widerstrebt jener ‚zweiten Natur', aufgrund derer wir zum Einfacheren und Bequemeren neigen, zu einem Zustand der Sicherheit, in dem wir alles unter Kontrolle haben, zum Sich-Verschließen im eigenen Ich, das – weil es den anderen nicht mehr als zweites Ich anerkennen will – die zwischenmenschlichen Beziehungen zerstört oder auf Macht und Wettbewerbsdenken reduziert, ja sie letztendlich in Diktatur verwandelt.

Die persönliche Entscheidung angesichts jener existenziellen Alternative, die sich aus der inneren Spannung im Wesen des Menschen ergibt, erscheint auf diese Weise als der wichtigste Augenblick im Leben einer jeden menschlichen Person, als Teil der existenziellen Wahrheit des Menschen: Niemand kann gezwungen werden zu lieben, sich für die Offenheit gegenüber dem zu entscheiden, was allein Antwort auf unsere Fragen geben kann; ein jeder muss vielmehr diese Entscheidung aus seiner persönlichen Freiheit heraus selbst treffen. Der platonische Vergleich vom Wagenlenker des geflügelten Doppelgespanns[275] ist daher ein treffendes Bild für den Menschen, der in sich selbst zwei Kräfte trägt, die ihn in einander entgegengesetzte Richtungen ziehen und zwischen denen er sich entscheiden muss: die Zugkraft der sich selbst überschreitenden Liebe der Ekstase, hin zum anderen und hin zu Gott, oder die Schwerkraft der exklusiven Liebe zu sich selbst, die sich im eigenen Ich verschließt, auf Kosten des anderen und auf Kosten Gottes. Dasselbe ist ausgedrückt im paulinischen Bild vom alten und neuen Adam, die jeder Menschen gewissermaßen in seinem Inneren trägt.[276] Die Entscheidung zwischen beiden Kräften bleibt unserer Freiheit überlassen – einer Freiheit, die infolgedessen zugleich Geschenk und Verantwortung ist.

275 Vgl. Platon, Phaidros, 246a 3-248d, in: Sämtliche Werke, Bd. 4, Griechisch und Deutsch, hg. v. Karlheinz Hülser, Frankfurt a. M./Leipzig: 61-67.

276 Vgl. Röm 5,12-6,11, sowie Was ist der Mensch?, 48f.

4 Die Freiheit im Licht der Anthropologie – ein ‚absolutes Relativum'

Indem wir bei unseren Reflexionen über die Freiheit das Wesen des Menschen selbst zum Ausgangspunkt wählen, stellen wir diese in einen sehr breiten Rahmen. Wir haben bereits von der spezifischen Scharnierfunktion gesprochen, die der menschlichen Freiheit zukommt als Zwischenglied zwischen der rein natürlichen und der geistigen Sphäre, eben weil sie nicht der Determination und Fixierung auf das bloß Materielle und Biologische unterliegt. Diese Indeterminiertheit der Freiheit, auf die Ratzinger in Auseinandersetzung mit historischen oder biologistischen Materialismen oftmals zu sprechen kommt,[277] birgt angesichts des weiten Spielraums menschlicher Entscheidungen sowohl den Reiz des Abenteuers als auch das Risiko des Scheiterns in sich; nichtsdestoweniger wäre „eine Welt ohne Freiheit keine gute Welt".[278] Freilich ist diese Indeterminiertheit auch nicht mit dem gegenteiligen Extrem absoluter Unabhängigkeit gleichzusetzen, durch die sich der Mensch letzten Endes selbst zur Sinnlosigkeit verdammen würde, wie dies etwa im Existenzialismus der Fall ist. Die offensichtliche Tatsache, dass der Mensch sein Dasein empfängt, und von daher eine Natur besitzt, deren Inhalt und Sinn ihm ebenfalls gegeben sind, bestimmt seine innere Dynamik und richtet diese auf ein Ziel hin aus, das zwar im Menschen selbst seinen Ausgangspunkt hat, letztlich aber jenseits seiner selbst liegt. So muss dieselbe Dynamik, von der alle menschlichen Vermögen bestimmt sind, auch für die Freiheit gelten, deren Streben sich ins Ganze des Menschen einfügen und sich gleichfalls auf die Erlangung jenes gemeinsamen und letzten Zieles der Person hin ausrichten muss, das den Menschen selbst übersteigt. Wollte man sich dieser Ordnung nicht beugen, hätte dies negative Konsequenzen für die gesamte Person, denn das Verschließen in sich selbst würde sie am Erreichen ihres letzten Zieles hindern – ihrer jeweils persönlichen Bestimmung sowie der Bestimmung der Menschheit insgesamt.

277 Vgl. neben zahlreichen anderen Stellen, etwa seine „Einführung in das Christentum" (bes. den ersten Hauptteil „Gott"), den Predigtband „Im Anfang schuf Gott" (bes. die Abschnitte „Die Erschaffung des Menschen" und „Konsequenzen des Schöpfungsglaubens"), das Kapitel „Heil und Geschichte" in „Theologische Prinzipienlehre" sowie die Aufsätze „Gratia praesupponit naturam", „Freiheit und Wahrheit" und „Freiheit und Befreiung".

278 Enzyklika Spe salvi, Nr. 30.

4.1 Freiheit als Wahlfreiheit: Bedingungen und moralische Grundlagen

Die Tatsache, dass die Freiheit ein Charakteristikum des Menschen ist, durch das sich dieser von der übrigen Schöpfung unterscheidet, macht sie freilich nicht schon zu einer übernatürlichen Gabe. In der Tat ist unsere Freiheit, wie Ratzinger ausdrücklich betont – im Gegensatz zur göttlichen Freiheit, die sich unter anderem dadurch auszeichnet, dass sie Wunder wirken und die natürliche Ordnung verändern kann – in einer Sphäre angesiedelt, die zwischen der rein natürlichen und der übernatürlichen Welt liegt. In diesem Sinne handelt es sich bei der Freiheit nicht um eine besondere Gnade, sondern um einen wesentlichen Teil des Menschseins, dem als solchem auch eine spezifische Sendung und Würde zukommt.[279] Jeder von uns ist ein „Wesen auf dem Wege“[280], dem die Verantwortung übertragen ist, seinem Leben Form und Richtung zu verleihen; davon hängt sein ganz persönliches Schicksal, sein ‚Geschick‘, ab.[281] In diesem Sinne gilt, dass „die Freiheit des Menschen immer neu ist und ihre Entscheide immer neu fällen muss. Sie sind nie einfach für uns von anderen schon getan“.[282] Andererseits geschieht dieser Weg keineswegs in völliger Autonomie, denn es scheint unmöglich, „dass jeder Mensch vom Nullpunkt seiner Freiheit aus sich ganz neu entwirft“;[283] er ist vielmehr in seiner Gänze eingebettet in eine ‚Atmosphäre‘, die ihm durch Gott, den göttlichen Schöpfungsplan,[284] die Mitmenschen, die Tradition, die Kultur und vieles andere mehr vorgegeben ist. Dabei gilt es freilich nochmals zu betonen, dass die Beziehung des Menschen zu dieser ‚Atmosphäre‘ eine Beziehung des Eingebundenseins darstellt, nicht der Determiniertheit – als ob etwa durch sie alle persönlichen Entscheidungen hinfällig würden. Die Relationalität, die dem Wesen des Menschen von Natur aus eingepflanzt ist, stellt für diesen somit eine Hilfe dar, die aus freien Stücken angenommen und empfangen werden will.

Von diesem Ausgangspunkt her können wir die erste wichtige Ebene des Begriffs ‚Freiheit‘ ein wenig näher erschließen. Die menschliche Person ist zu jeder Zeit fähig, Entscheidungen zu treffen – eine Fähigkeit, mittels derer der Mensch sich selbst zum Handeln bewegt.[285] In der Tat sind wir in der Lage, aus freien Stücken, nicht aus Zwang, ein bestimmtes Gut zu wählen, das sich unserem Verstand als sol-

279 Vgl. dazu etwa Ratzingers Ausführungen im Gesprächsbuch „Salz der Erde/Gott und die Welt“: „Freiheit […] gehört zur Schöpfungs*konstitution*, zur geistigen Existenz des Menschen. Wir sind ja nicht einfach nach einem bestimmten Muster festgelegt und vorbestimmt. Die Freiheit ist dazu da, dass jeder einzelne sein Leben selbst entwerfen und mit seinem eigenen inneren Ja schließlich den Weg gehen kann, der seinem Wesen entspricht. In diesem Sinne würde ich Freiheit nicht als eine Gnade bezeichnen, sondern eher als eine Schöpfungs*gabe*“ (377, Hervorhebung im Original).

280 Im Anfang schuf Gott, 52.

281 Der transzendente Charakter des Menschseins veranlasst Ratzinger zu dem Schluss, dass die Konsequenzen der vom Menschen getroffenen Entscheidungen nicht nur für dieses, sondern auch für das künftige Leben Gültigkeit haben: „Das endgültige Geschick des Menschen wird ihm nicht an seiner Lebensentscheidung vorbei aufgedrängt“ (Einführung in das Christentum, 305; JRGS 4, 293).

282 Enzyklika Spe salvi, Nr. 24.

283 Einführung in das Christentum, 233; JRGS 4, 229.

284 Vgl. Im Anfang schuf Gott, 52 und 59.

285 Vgl. Thomas von Aquin, Summa Theologica, I[a] q. 83 a. 1 ad 3, Deutsche Thomas-Ausgabe, Bd. 6, S. 238.

ches darstellt. Dies entspricht der thomistischen Definition der Willensfreiheit als einer „Fähigkeit der Vernunft und des Willens, wodurch ein Gut oder ein Übel erwählt wird".[286] Freiheit setzt folglich die Betätigung des Verstandes und des Willens voraus.

Um wählen zu können, ist es jedoch notwendig zu wissen, zu welchem Zweck und zwischen welchen Alternativen wir uns entscheiden. Damit der Verstand seiner Aufgabe der Orientierung bei der Entscheidungsfindung[287] gerecht werden kann, bedarf er der Erkenntnis der Wirklichkeit, mit anderen Worten, der Erkenntnis der Wahrheit; zu dieser Erkenntnis wiederum gelangt der Verstand nur in dem Maß, in dem er fähig ist, über sich selbst hinaus zu gehen und das Intelligible der Wirklichkeit zu erfassen.[288] Der Wille wiederum betätigt sich im Willensakt, indem er sich angesichts mehrerer möglicher Alternativen für ein bestimmtes Gut entscheidet bzw. dieses wählt.[289] Zu diesem Zweck, und in Übereinstimmung mit dem, was ihm die Vernunft ‚vor Augen stellt', tritt er aus sich selbst heraus und richtet sich auf das angestrebte Gut hin aus. Infolge der geistigen Dimension der Freiheit, und infolge ihrer offensichtlichen Abhängigkeit von Willen und Vernunft, erscheint diese daher ebenfalls dazu berufen, sich selbst zu transzendieren, insofern sie nur außerhalb ihrer selbst zu ihrer eigentlichen Erfüllung gelangt.

Nichtsdestoweniger besteht eine innere Spannung zwischen dem Streben der Freiheit nach Selbstüberschreitung und ihrer Tendenz, bei sich selbst zu verbleiben, das heißt allein um der Möglichkeit des Wählens willen Entscheidungen zu treffen und sich auf diese Weise selbst zu behaupten, ohne dabei dem Inhalt des Gewählten Bedeutung beizumessen, den sie, gewissermaßen als etwas Nebensächliches, auf eine zweitrangige Ebene verschiebt. Derartiges Sich-Verschließen führt, da es die Auseinandersetzung mit dem Verifikationskriterium der Wirklichkeit vermeidet, in jeder Hinsicht zu Subjektivismus und Partikularismus. Die Wahlfreiheit, die von ihrem Wesen her dazu bestimmt ist, dass der Mensch sich durch sie für ein Gut entscheiden kann, wird so im Grunde zu einem Absolutum. In diesem Fall scheint nicht mehr in erster Linie von Bedeutung zu sein, wofür wir uns entscheiden, sondern

---

286 Ebd., I^a q. 19 a. 10 arg. 2, Deutsche Thomas-Ausgabe, Bd. 2, S. 173.

287 Diese Aufgabe der Vernunft ist für die Freiheit derart entscheidend, dass die Vernunft nur dann „wahrhaft menschliche Vernunft" wird, „wenn sie dem Willen den Weg zeigen kann, und das kann sie bloß, wenn sie über sich hinaussieht". (Enzyklika Spe salvi, Nr. 23).

288 Die Wahrheit ist nicht nur mit der Freiheit, sondern auch mit dem Guten eng verknüpft, eine Beziehung, die Ratzinger in der folgenden Passage aus einem Vortrag vor der Münchener Katholischen Akademie klar herausstellt: „Denn das Wahrwerden des Menschen ist zugleich ein Stück Wahrwerden der Welt, und wenn der Mensch wahr wird, wird er gut und wird an seiner Stelle die Welt gut. Thomas von Aquin hat die Wahrheit bekanntlich als Angleichung des Geistes an die Wirklichkeit definiert. [...] Gewiss ist mit dieser Formel nicht alles gesagt, aber Entscheidendes wird doch sichtbar: Wahrheit vernehmen ist ein Prozess, der den Menschen seinsgemäß macht. Es ist Einswerden von Ich und Welt, es ist Zusammenklang, es ist Beschenkt- und Gereinigtwerden. In dem Maß, in dem Menschen sich von der Wahrheit führen und reinigen lassen, finden sie nicht nur zu ihrem wahren Selbst, sondern zum Du. Denn in der Wahrheit berühren sie sich, und die Wahrheitslosigkeit ist es, die sie einander verschließt" (Interpretation – Kontemplation – Aktion, 147).

289 Der Wille ist eben deshalb frei, weil er den ihm zur Wahl stehenden Gütern unvoreingenommen gegenübersteht; dies gilt freilich nicht in Bezug auf sein letztes Ziel – das Glück –, demgegenüber er nicht unvoreingenommen sein kann. Vgl. Thomas von Aquin, Summa Theologica, I^a q. 41 a. 2 co., Deutsche Thomas-Ausgabe, Bd. 3, S. 268f., sowie ebd., I^a q. 19 a. 10 co., Deutsche Thomas-Ausgabe, Bd. 2, S. 173f.

dass wir überhaupt die Fähigkeit besitzen, uns zu entscheiden. Diese Art der Verabsolutierung der Freiheit hat ihren Ursprung letztendlich darin, dass wir ein fundamentales Faktum nicht mehr hinreichend beachten, auf das uns Augustinus in seiner Schrift „De libero arbitrio" hinweist, in einer Passage, auf die auch Ratzinger zurückgreift. Augustinus schreibt dort: „Die Vermögen des Geistes jedoch, ohne die man nicht rechtschaffen leben kann, sind mittlere Güter."[290] Mittlere Güter (*bona intermedia*) aber sind keine absoluten Güter. Die Tatsache, dass die Freiheit eine Fähigkeit des Geistes ist und ihr aus diesem Grund der entsprechende Wert beigemessen werden muss, enthebt sie keineswegs der Verpflichtung, ‚im Dienst' am ganzheitlichen Wohl des Menschen zu stehen, das als solches höher steht als sie selbst.

Das Nicht-Beachten der Wirklichkeit an sich – sowohl derjenigen der Mitmenschen als auch derjenigen des eigenen Ichs, das auf Selbstüberschreitung hin angelegt ist – bringt mit sich eine Weltsicht, die nicht nur partikulär und unvollständig ist, sondern auch die Realität verzerrt. Das Durchsetzen des eigenen Willens stellt sich in dieser Perspektive als Freiheit dar, die ohne jeden äußeren Maßstab in sich selbst verschlossen und gefangen bleibt – nach Art eines Pfeils, der auf der gespannten Sehne eines Bogens liegt, jedoch nie abgeschossen wird. Einer der Gründe, warum heute die Beliebigkeit im persönlichen wie im gesellschaftlichen Leben über alles andere gestellt wird,[291] ist letztendlich die Tatsache, dass man der Wahrheit sowie jeglicher objektiver Kriterien verlustig gegangen ist: „Wenn es Wahrheit nicht gibt, dann ist alles andere Beliebigkeit."[292] In diesem Sinne wird Ratzinger nicht müde, vor einer Freiheit zu warnen, deren Praxis sich ohne Bezug zur Wahrheit bzw. mit Blick auf eine Teilwahrheit, wenn nicht gar auf ein verzerrtes Bild der Wahrheit,

290 Aurelius Augustinus, De libero arbitrio – Der freie Wille, II, 50, hg./übs. Johannes Brachtendorf, Paderborn et al.: 2006, 199. Vgl. dazu etwa Ratzingers Aufsatz „Freiheit und Wahrheit", wo er feststellt: „Freiheit ist ein Gut, aber sie ist es nur im Verbund mit anderen Gütern, mit denen zusammen sie eine unauflösliche Ganzheit bildet" (198).

291 Auf der persönlichen Ebene geschieht dies, wenn ein partielles Gut den Charakter eines absoluten Gutes annimmt, das sich auf die gesamte Person bezieht, wobei alles andere diesem Gut untergeordnet wird. Eben weil es sich bei diesem Gut aber nur um ein partielles handelt, führt dessen Absolutsetzung bei der Person alsbald zu innerer Unzufriedenheit, weshalb diese sich einem anderen Gut zuwendet, das ihr unmittelbar begehrenswert erscheint. Dies gilt für all jene Güter, die sich auf den Leib oder auf das persönliche Wohlbefinden beziehen, wie beispielsweise den Genuss, der sich in Karl Marx' Utopie der kommunistischen Gesellschaft als das einzige Entscheidungskriterium darstellt. Ratzinger zitiert die entsprechende Stelle in „Freiheit und Wahrheit". In der kommunistischen Gesellschaft, so Marx, werde es möglich sein, „heute dies, morgen jenes zu tun, morgens zu jagen, nachmittags zu fischen, abends Viehzucht zu treiben, nach dem Essen zu kritisieren, wie ich gerade Lust habe" (Ratzinger, Freiheit und Wahrheit, 188). Dem entspricht ein Verständnis von Freiheit als absolute Beliebigkeit: die Auffassung, „dass das eigene Wollen die einzige Norm unseres Tuns sei und dass der Wille alles wollen könne und alles Gewollte auch auszuführen die Möglichkeit habe" (ebd.).

292 Schauen auf den Durchbohrten, 106. Im zweiten Teil seines Werks „Jesus von Nazareth" schildert Ratzinger ausführlich die Konsequenzen, die der Verlust von Wahrheit und jeglicher objektiver Referenzpunkte für den Menschen nach sich zieht. Er fragt sich: „[W]as geschieht, wenn Wahrheit nicht zählt? Welche Gerechtigkeit ist dann möglich? Muss es nicht gemeinsame Maßstäbe geben, die wirklich Gerechtigkeit für alle verbürgen – Maßstäbe, die der Willkür der wechselnden Meinungen und der Machtkonzentrationen entzogen sind?" (215; JRGS 6, 560).

vollzieht.[293] Eine solche Freiheit muss sich zwangsläufig in bloße Willkür des Einzelnen verkehren, der nur um sich selber kreist und daher einzig die eigenen Launen als Handlungskriterium gelten lässt; oder aber sie verwandelt sich in die Willkür der kollektiven Praxis, in der der Mensch als bloßes Objekt von Manipulation und Macht gesehen wird.[294] Ähnliches ließe sich im Zusammenhang mit gewissen Ideologien und Interessensgruppen zeigen, die die Wahrheit tendenziös verzerren oder manipulieren. Um folglich der „Tyrannei der Unvernunft" zu entgehen, schlägt Ratzinger in seinem Aufsatz „Freiheit und Wahrheit" vor, die Definition von Freiheit als „Wollenkönnen und […] Tunkönnen des Gewollten […] durch den Zusammenhang mit der Vernunft, mit der Ganzheit des Menschen", zu ergänzen.[295] Das Wollen erlangt so seine Legitimität aufgrund der Verbindung mit dem Kriterium der vernunftgemäßen Wahrheit.

Eine derartige Analyse der formalen Elemente des menschlichen Freiheitsaktes macht deutlich, dass das Fehlen eines dieser Elemente zu einem Defizit im Akt als Ganzen führen kann. Wenn das rationale Urteil bzw. die Willensentscheidung des ihr zugeordneten Objekts – der Wahrheit bzw. des Guten – entbehren, oder wenn dieses Objekt verzerrt bzw. unvollständig ist, dann erscheint infolgedessen der gesamte moralische Akt als defizitär. Zusammen mit diesen formalen Elementen beinhaltet der Freiheitsakt freilich auch einen materialen Aspekt, der mit dem Bedürfnis des freien Willens nach Selbstüberschreitung in engem Zusammenhang steht. Die Betrachtung dieses Aspektes führt uns in unseren Überlegungen einen Schritt weiter.

Eben weil der freie Wille in seiner Betätigung nicht gezwungen ist, eine bestimmte Option zu wählen, sondern weil es ihm freisteht, das Gute oder das Schlechte zu wählen[296], liegt die Verantwortung für die getroffene Entscheidung und für deren Konsequenzen bei der Person selbst; sie selbst ist diejenige, die zu wählen hat zwischen einem rechtschaffenen oder einem schlechten Leben, zwischen dem rechten oder dem unrechten Gebrauch ihrer Willensfreiheit.[297] Eine jede Entscheidung hat Implikationen für die Person eben aufgrund ihrer moralischen Qualität. Deshalb bemerkt der hl. Augustinus, dass Böses stets „aus freier Entscheidung des Willens" getan wird[298], eine Tatsache, die Papst Benedikt XVI. in seiner Enzyklika „Spe salvi" bekräftigt, wenn er schreibt, dass „die Freiheit immer auch Freiheit zum Bösen bleibt".[299] Später bemerkt er in einer Predigt: „[W]eil Freiheit missbrauchbar ist,

293 Ratzingers Kritik am marxistischen Materialismus ist eben deshalb so scharf, weil dessen Ideologie im Grunde ein verzerrtes Bild vom Menschen und von der Gesellschaft vermittelt, auch wenn dieses Bild so manche Teilwahrheit in sich enthält (vgl. Freiheit und Befreiung, 423; JRGS 10, 580). Ein ähnlicher Gedanke taucht erneut in „Freiheit und Wahrheit" auf, wo Ratzinger nachdrücklich betont: „Teilwahrheiten sind einer Lüge zugeordnet, und daran scheitert das Ganze: Die Freiheitslüge hebt auch die wahren Elemente auf. Freiheit ohne Wahrheit ist keine Freiheit" (195).

294 Vgl. Interpretation – Kontemplation – Aktion, 145.

295 Freiheit und Wahrheit, 195.

296 Vgl. Thomas von Aquin, Summa Theologica, I[a] q. 83 a. 2 co., Deutsche Thomas-Ausgabe, Bd. 6, S. 242.

297 Vgl. Augustinus, De libero arbitrio, II, 48 (S. 197).

298 Augustinus, De libero arbitrio, I, 35 (S. 125).

299 Enzyklika Spe salvi, Nr. 21.

darum gibt es auch das Schöpfungswidrige".[300] Auch wenn wir aus dem moralischen Schatz der gesamten Menschheit schöpfen dürfen, der uns zur Verfügung steht, ist doch ein jeder von uns dazu berufen, diesen aus freien Stücken entweder anzunehmen oder abzulehnen.[301]

In der menschlichen Entscheidungsfähigkeit, mittels derer der Mensch entweder dem Guten oder dem Schlechten die Tür öffnet, tritt uns folglich die moralische Dimension der Freiheit entgegen – jener Raum, in welchem sich unsere Gottebenbildlichkeit manifestiert.[302] Die Fähigkeit des Menschen, sich zwischen Gut und Böse zu entscheiden, zeichnet sich dadurch aus, dass sie ihn auf die unterschiedlichen Kräfte aufmerksam macht, die in seinem Inneren miteinander im Streit liegen – jene der ‚Menschlichkeit' und jene der ‚Unmenschlichkeit'. Infolgedessen sind jene Entscheidungen, die das Menschliche im Menschen fördern, den Menschen noch mehr zu sich selber kommen lassen, ihn mit dem eigentlichen Sinn seines Daseins – das heißt mit der Liebe – stärker in Einklang bringen, gute Entscheidungen. Jene hingegen, aufgrund welcher er der anthropologischen Wahrheit über sich selbst den Rücken kehrt, die in ihm das Inhumane, das „Schöpfungswidrige" fördern – das heißt die Entzweiung mit seinen Mitmenschen, mit Gott und mit sich selbst –, die ihn in sich selbst verschließen und unfähig machen zu wahrhaft menschlicher Liebe[303] oder seiner Einheit als Person abträglich sind, indem sie eine seiner Dimensionen oder Fähigkeiten auf Kosten des inneren Gleichgewichts allzu sehr in den Vordergrund rücken, sind schlechte Entscheidungen. Sie hindern *per se* „den Menschen an der Selbstwerdung".[304] Hierin zeigt sich, dass der Maßstab für unsere moralischen Entscheidungen nicht etwas ist, das von außen an uns herantritt, sondern dass er im Wesen des Menschen selbst seinen Ursprung hat, in dessen Inneres er eingeschrieben ist; er manifestiert sich konkret in allem, was der wahren Menschlichkeit[305] – der Fähigkeit, zu lieben, im Bewusstsein, geliebt zu sein – förderlich ist. Das Prinzip der Liebe stellt den gültigen Maßstab für jede moralische Entscheidung dar, und eben weil es ein letztgültiges Kriterium ist, liegt seine Rechtfertigung, ebenso wie die Bedingung seiner Möglichkeit, in der Liebe Gottes selbst.[306]

Nur wer frei ist, besitzt auch die Fähigkeit zu lieben. In der menschlichen Freiheit liegt folglich eine weitere Möglichkeitsbedingung für die Liebe und damit das letzte

300 Benedikt XVI., Predigt im Petersdom zur Vigil in der Osternacht vom 23. April 2011. Diese Predigt Papst Benedikts stellt, so könnte man sagen, eine Art Abriss des Freiheitsverständnisses der christlichen Theologie dar.

301 Vgl. Enzyklika Spe salvi, Nr. 24.

302 Vgl. Im Anfang schuf Gott, 51.

303 Vgl. Theologische Prinzipienlehre, 353: „Eine Liebe, die weniger gibt oder gar die Verwiesenheit des Menschen auf Wahrheit grundsätzlich nicht in ihren Bereich einbeziehen will, erreicht nicht die eigentliche humane Stufe und wird daher gar nicht zur Liebe im Vollsinn des Wortes."

304 Ebd., 97.

305 Der Menschlichkeit stellt Ratzinger die „Barbarei" entgegen und erklärt die allseitige Anerkennung der Notwendigkeit persönlicher Umkehr zur notwendigen Bedingung echter Menschlichkeit (vgl. das Kapitel „Das Problem der Verwirklichung" in: ebd., 52-57).

306 Die zentrale Bedeutung der Liebe als moralische Triebfeder geht etwa aus der folgenden Feststellung Ratzingers hervor: „[W]enn der Grundton meines Lebens Liebe ist, dann kann ich den Mitmenschen gegenüber, die Gott mir auf den Weg gestellt hat, wiederum nur aus dem Ja, aus dem Vertrauen, der Zustimmung und der Liebe leben" (Auf Christus schauen, 111; JRGS 4, 483).

Ziel des menschlichen Lebens überhaupt. Andererseits kann die Freiheit selbst wiederum nur aus der Liebe hervorgehen. Ratzinger betont dies wiederholt, wenn er auf die fundamentale Alternative zu sprechen kommt, vor die wir angesichts des letzten Ursprungs der Welt gestellt sind: Entweder basiert die Welt auf Determination und absoluter Kontrolle, die dem Prinzip der Freundschaft gegenüber verschlossen wäre, oder sie gründet im Gegensatz dazu auf einer Liebe, die aufgrund ihrer ureigenen expansiven Kraft danach strebt, sich in einer freien, jeglicher Kontrolle entzogenen Antwort mitzuteilen. Auf dieser zweiten Option beruht die anfangs bereits erwähnte These, in der Ratzinger den christlichen Glauben als eine „Philosophie der Freiheit"[307] und die Freiheit als die „Strukturform allen Seins"[308] definiert. Nur so lässt es sich erklären, dass das Ziel eines jeden Lebens – nicht nur des christlichen – in der Liebe besteht, und dass wir uns nur aus freien Stücken für diese Liebe entscheiden können. In dieser Tatsache offenbart sich für Ratzinger freilich auch eine zweifache Abgründigkeit:

> *„Die Höhe, die allein den Maßen des Menschseins angemessen ist, ist die Höhe Gottes selbst. Auf dieser Höhe kann der Mensch leben, und nur von dieser Höhe her verstehen wir ihn recht. Das Bild des Menschen ist aufgehoben, aber wir haben die Freiheit, es herabzureißen oder uns aufheben zu lassen."*[309]

Aus den bisherigen Betrachtungen geht klar hervor, welch hoher Stellenwert der Freiheit für das Menschsein insgesamt zukommt, da sie als Bedingung der Liebe in sich als mögliches Gegenteil die Option des Egoismus und der Unmenschlichkeit einschließt. Sie birgt also ein Risiko in sich – ein Risiko, das freilich die logische Konsequenz eines Weltbildes darstellt, in dem das Ziel der gesamten Schöpfung in der Fülle der Liebe besteht. Wäre das Ideal weniger hoch gesteckt, würde es sich nicht lohnen, ein derartiges Risiko einzugehen. Doch der Schöpfer geht es ein. In der Tat ist eine Welt, „die unter dem Risiko der Freiheit und der Liebe geschaffen und gewollt ist, [...] nicht bloß Mathematik. Sie ist als Raum der Liebe Spielraum der Freiheiten und geht das Risiko des Bösen mit ein. Sie wagt das Geheimnis des Dunkels um des größeren Lichtes willen, das Freiheit und Liebe sind."[310] Nur wer liebt, nimmt ein derart hohes Risiko in Kauf; nur wer liebt, respektiert die Freiheit des Geliebten und vertraut auf sie, auch wenn sie in gleicher Weise zum Höchsten wie zum Niedersten fähig ist. Angesichts eines derart übergroßen Geschenks gibt es für Ratzinger keine bessere Antwort als die der Dankbarkeit.[311]

Um den Wert und das Risiko der menschlichen Freiheit besser abschätzen zu können, wollen wir uns ein wenig dem moralischen Gewicht menschlicher Entschei-

307 Einführung in das Christentum, 145; JRGS 4, 153.
308 Ebd., 146; JRGS 4, 154.
309 Gottes Glanz in unserer Zeit, 103.
310 Einführung in das Christentum, 148; JRGS 4, 155.
311 Vgl. Salz der Erde/Gott und die Welt, 398. Diese Haltung bringt Ratzinger zum Ausdruck in seinem Staunen gegenüber der Schönheit der Schöpfung als Frucht des göttlichen Überflusses, den er uns ohne jedes Maß schenkt, ja der gewissermaßen das „Strukturgesetz der Schöpfung" bildet, „in der das Leben Millionen Keime verschwendet, um ein Lebendiges zu retten" (Einführung in das Christentum, 246; JRGS 4, 240).

dungen zuwenden. Wir gehen hierbei von der These aus, dass die Indifferenz des freien Willens gegenüber den sich ihm bietenden Wahlmöglichkeiten nicht gleichgesetzt werden darf mit jener ‚absoluten Indeterminiertheit' menschlicher Existenz, von der im Existenzialismus die Rede ist und die den Menschen zur Sinnlosigkeit einer Freiheit ohne letztes Ziel verurteilen würde. Vielmehr lässt die Tatsache, dass offensichtlich ein Lebenssinn existiert, der uns zusammen mit unserem Dasein geschenkt ist, und infolgedessen einer jeden freien Entscheidung, die ihn sich selbst erst ‚schaffen' könnte, vorausgeht, deutlich werden, dass dem Dasein und dessen letztem Ziel der Vorrang vor der Willensfreiheit gebührt, als deren Richtschnur es fungiert. Trotz allem ist diese Ausrichtung der Freiheit auf ein Ziel hin nicht gleichbedeutend mit Determination, da dem Einzelnen ja nach wie vor viele Mittel und Wege offenstehen, um diesen Lebenssinn konkret zu verwirklichen: „Freiheit bedeutet, dass ich aus eigenem Wollen die Möglichkeiten meines Seins annehme. Dabei ist es beileibe nicht so, dass es dann nur noch ein Ja oder Nein gibt. Denn auch oberhalb des Nein eröffnet sich eine unendliche Spielart von schöpferischen Möglichkeiten des Guten."[312] Dementsprechend gilt es zu unterscheiden zwischen dem menschlichen Willen und der menschlichen Wahlfreiheit.[313] Der Wille als menschliche Fähigkeit besitzt ein Objekt bzw. eine Dynamik, aufgrund welcher er sich selbst überschreitet und das Gute im Allgemeinen anstrebt; die Willensfreiheit dagegen ist, auch wenn sie sich in diese allgemeine Ausrichtung des Willens auf das Gute hin einfügt, grundsätzlich indifferent gegenüber den konkreten Optionen, in denen sich dieses Gute zeigt. Wir streben zwar in allen unseren Entscheidungen grundsätzlich das Gute an und könnten nicht etwas Schlechtes wollen, sofern wir dieses einmal als solches erkannt haben und nicht gezwungen sind, uns dafür zu entscheiden. Aber da uns das Gute in derart vielen unterschiedlichen Formen und Konkretionen entgegentritt, ist es uns dank der Indifferenz unserer Willensfreiheit möglich, zwischen diesen zu wählen. Nur für den Fall, dass wir eine vollkommene Erkenntnis des Guten hätten, wären wir moralisch verpflichtet, dieses auch zu wählen; da die Erkenntnis aber wegen unserer Endlichkeit nur bruchstückhaft und begrenzt ist, trifft dies im Einzelfall nicht zu. Mit anderen Worten: Auch wenn die fundamentale Sehnsucht danach, Liebe zu schenken und zu empfangen und auf diese Weise das Glück in der Selbstüberschreitung zu finden (worin unser letztes Ziel besteht), außerhalb des Horizontes unserer Wahlfreiheit liegt, so bleibt es dennoch uns selbst überlassen, wie wir dieses Ziel konkret erreichen, das heißt welche Mittel wir zu dessen Erlangung ergreifen.[314]

Infolgedessen erscheint die moralische Verantwortung des Menschen als die logische Konsequenz einer Freiheit, die als solche ernst genommen wird, denn wer sich eigenständig und ohne Zwang für eine Option entscheidet, muss für diese Entscheidung auch Verantwortung übernehmen – vor sich selbst und vor seinen Mitmenschen. Jede persönliche Entscheidung im weitesten Sinn des Wortes – das heißt, nicht nur das aktive Handeln nach außen hin, sondern auch innerliche Entschei-

312 Salz der Erde/Gott und die Welt, 377f.

313 Diese Unterscheidung, die sich bereits bei Augustinus findet, entwickelt Thomas von Aquin, auf dessen Ausführungen ich mich hier beziehe, in grundlegender Form (vgl. Thomas von Aquin, Summa Theologica, III^{a} q. 18 a. 4, Deutsche Thomas-Ausgabe, Bd. 26, S. 74-77).

314 Vgl. Thomas von Aquin, Summa Theologica, I^{a}-II^{ae} q. 1 (Ende), sowie I^{a} q. 83 a. 1.

dungen und Unterlassungen – haben aufgrund unserer wesenhaften Relationalität und Interdependenz auch Auswirkungen auf unsere Mitmenschen: „In mein Leben reicht immerfort das Leben anderer hinein: in dem, was ich denke, rede, tue, wirke. Und umgekehrt reicht mein Leben in dasjenige anderer hinein: im Bösen wie im Guten."[315] Der bereits im vorausgehenden Kapitel gezogene anthropologische Vergleich zeigt dies ganz klar: Diejenigen Entscheidungen, die eine schwangere Frau in Bezug auf ihr Kind trifft, haben unwillkürlich auf dieses bestimmte Auswirkungen, sie sind nicht gleichgültig.

Mit Recht weist Ratzinger darauf hin, dass es Verantwortung nur dort gibt, „wo einer ist, der fragt"[316], einer, dem wir für unsere freien Entscheidungen Rechenschaft schulden. Im ursprünglichen Kontext bezieht sich dieser Satz auf das jüngste Gericht am Ende der Zeiten,[317] aber er lässt sich in gleicher Weise auch auf jede beliebige Situation anwenden; immer gibt es da jemanden, vor dem wir uns für unser Tun und Lassen verantworten müssen, jemanden, der uns – im wahrsten Sinne des Wortes – ‚in Frage stellt'. Ein solcher ‚Richter', der uns unvermeidlich für jede unserer Handlungen zur Rechenschaft zieht, ist ganz offensichtlich das eigene Gewissen. Ratzinger bezieht sich auf jenes innere Bewusstsein, das „die vernehmliche und gebieterische Stimme der Wahrheit im Subjekt selbst"[318] repräsentiert; im Innersten unserer Person sind wir auf diese Weise mit der Wahrheit konfrontiert, die „von Gott her"[319] kommt. Wenn das Gewissen über die moralische Qualität unserer Handlungen urteilt, dann hat diese Rolle ihre ontologische Basis in einer Art „Urerinnerung an das Gute"[320], die auch als *Anamnesis* bzw. *Synderesis* bezeichnet wird. Die Stimme des Gewissens verweist uns damit auf die dem Menschen von Gott eingeprägte innere Stimme der Wahrheit, die dieser „auf dem Grund seines Geschöpfseins"[321] vernehmen kann. Ein Gewissen, das sich vor dieser Stimme verschließt, kehrt seinem eigenen Wesen und dem Sinn seines Daseins den Rücken; daraus folgt, dass eine Freiheit, deren Verbindung mit der Wahrheit nicht mehr gesehen wird, ein Konzept darstellt, das „isoliert und dadurch verfälscht"[322] erscheint.

---

315 Enzyklika Spe salvi, Nr. 48.
316 Einführung in das Christentum, 307; JRGS 4, 295.
317 Vgl. ebd., 304f.; JRGS 4, 292f., wo Ratzinger auf den Heiligen Geist als letztes Prinzip der Welt und höchste Freiheit zu sprechen kommt und dabei zu dem Schluss gelangt, dass es beim geistgewirkten Streben der Welt nach ihrer eigenen Vollendung um keine „neutrale kosmische Drift" gehe, sondern dass dieser Vorgang Verantwortung impliziere: „Er geschieht nicht wie ein physikalischer Prozess von selbst, sondern beruht auf Entscheidungen. [...] Ja, wir können von hier aus geradezu den Sinn der Rede vom Gericht definieren. Sie besagt genau dies, dass das Endstadium der Welt nicht Ergebnis einer naturalen Strömung ist, sondern Ergebnis von Verantwortung, die in Freiheit gründet" (305; JRGS 4, 293).
318 Gewissen und Wahrheit, 43; JRGS 4, 706.
319 Ebd.; JRGS 4, 706.
320 Ebd.; JRGS 4, 711. Interessant ist diesbezüglich Ratzingers Definition des Schuldgefühls als Indikator einer Störung der moralischen Ordnung, wobei er dessen Funktion mit derjenigen des physischen Schmerzes vergleicht, der als Symptom auf eine Krankheit bzw. eine Störung der körperlichen Ordnung hinweist. Die „Wortmeldung des Gewissens gegen meine selbstzufriedene Existenz" ist derart notwendig, dass derjenige, der „nicht mehr fähig ist, Schuld zu sehen, [...] seelisch krank" ist (35; JRGS 4, 701). Die existenzielle Notwendigkeit einer rechten Bildung des eigenen Gewissens ist somit eine der Schlussfolgerungen, zu denen Ratzinger in diesem wichtigen Aufsatz gelangt.
321 Ebd., 37; JRGS 4, 702.
322 Freiheit und Wahrheit, 198.

Dieser erste ‚Richter', vor dem wir uns verantworten müssen, zeugt folglich von der tiefen Verwurzelung der moralischen Verantwortung in der menschlichen Natur, von der inneren Beziehung, in der beide notwendigerweise zueinander stehen. Aber er ist nicht der einzige. Auch unsere Mitmenschen und die Gesellschaft verlangen von jedem Einzelnen, dass dieser für sein Handeln einsteht, nicht aus einer falschen Ängstlichkeit heraus, aber doch ernsthaft, das heißt mit Verantwortungsbewusstsein. Die gegenseitigen Beziehungen und Bindungen der Menschen untereinander lassen dies erforderlich erscheinen, insofern sie derselben „anthropologische[n] Grundfigur"[323] folgen, die sich bereits in unserem Bild von Mutter und Kind im Mutterleib gezeigt hat. An diesem Punkt setzt das bereits erwähnte Konzept der geteilten Freiheit oder ‚Mitfreiheit' an, das im Denken Joseph Ratzingers eine so wesentliche Rolle spielt; es ist der menschlichen Freiheit von Grund auf eingeschrieben. Bei der Betätigung seiner Freiheit darf der Mensch nicht vergessen, dass sein Dasein ein ‚Sein von', ein ‚Sein mit' und ein ‚Sein für' die anderen ist. Infolgedessen muss er seine Entscheidungen stets mit Blick auf die anderen treffen und auf diese Weise, indem er sich selbst überschreitet, der Neigung zum Egoismus entgegenwirken, die danach strebt, allein und ausschließlich das persönliche Wohlergehen zu suchen. „Freiheit des Menschen ist geteilte Freiheit, Freiheit im Miteinandersein von Freiheiten, die sich gegenseitig begrenzen und sich so gegenseitig tragen"[324]; eben deshalb wächst die Verantwortung des Menschen in dem Maß, in dem seine Freiheit nach und nach diejenigen Bindungen eingeht, die sich aus den Anforderungen des gesellschaftlichen Zusammenlebens und der eigenen menschlichen Natur ergeben.[325] Beschränken sich jedoch die angestrebten Güter ausschließlich auf jene, die für das eigene Individuum erstrebenswert erscheinen, so wird die Idee der Freiheit dadurch umso begrenzter, da sie ihrer „menschlichen Wahrheit beraubt"[326] wird. Nicht zuletzt steht im Zentrum derjenigen Auffassung von Freiheit, die heute am weitesten verbreitet ist und im Grunde einer Radikalisierung der individualistischen Tendenz der Aufklärung entspricht,[327] gerade die Verherrlichung des Individuums ohne jegliche Bindung, verbunden mit der Rechtfertigung einer Freiheit, die

323 Ebd., 200.

324 Ebd., 201.

325 Ratzinger greift diesen Gedanken in besonders deutlicher Weise in einer Ansprache als Papst an die Seminaristen der Diözese Rom wieder auf: „Es gibt keine Freiheit gegen den anderen. Wenn ich mich verabsolutiere, werde ich zum Feind des anderen. Dann können wir nicht mehr zusammenleben, und das ganze Leben wird Grausamkeit, wird zum Scheitern verurteilt. Nur eine gemeinsame Freiheit ist eine menschliche Freiheit; im Zusammensein können wir in die Symphonie der Freiheit eintreten. Und das ist daher ein weiterer sehr wichtiger Punkt: Nur wenn ich den anderen annehme, wenn ich auch die Grenze annehme, die die Achtung der Freiheit des anderen meiner eigenen Freiheit zu setzen scheint, nur wenn ich mich in das Netz der Abhängigkeiten hineinbegebe, das uns am Ende zu einer einzigen Familie macht, dann bin ich auf dem Weg zur gemeinsamen Befreiung" (Benedikt XVI., Ansprache beim Besuch des Römischen Priesterseminars anlässlich des Festes der „Muttergottes vom Vertrauen", 20. Februar 2009).

326 Freiheit und Wahrheit, 198.

327 In seinem Aufsatz „Freiheit und Wahrheit", besonders im zweiten Teil, liefert Ratzinger einen Abriss der Entstehungsgeschichte des individualistischen Freiheitsbegriffs, auf den wir hier verweisen wollen. Dabei erinnert Ratzinger freilich auch daran, dass das Freiheitsverständnis der Aufklärung ursprünglich nur diejenigen Bindungen ausschloss, die von fremden Gesetzmäßigkeiten ausgehen, und sich an ihrer Stelle der Vernunft und dem durch sie gebotenen moralischen Handeln gegenüber verpflichtete. Vgl. dazu auch Freiheit und Bindung in der Kirche, JRGS 8, 429-431.

sich nicht um den anderen zu kümmern braucht und in der Emanzipation ihr Befreiungsideal sieht. So leistet der Mensch dem Egoismus, der in einem jeden von uns gleichsam wie eine „zweite Natur"[328] zugegen ist, nicht nur keinen Widerstand mehr, sondern die gegenteilige Zugkraft hin zur Synergie, zur Einheit und zur gegenseitigen Bindung, mit anderen Worten, hin zur Liebe, gerät völlig aus dem Blick. Deshalb ist auch „Freiheit zur Selbstzerstörung oder zur Zerstörung des anderen [...] keine Freiheit, sondern ihre teuflische Parodie"[329], die größte Verletzung jener Einheit, nach der der Mensch von Natur aus strebt. Der Tendenz zur Anarchie bzw. zur Abschaffung jeglicher Normen setzt Ratzinger daher die Definition von Befreiung als „Reinigung der Normen" entgegen, „so dass sie [die Normen] das menschengemäße Miteinander der Freiheiten ermöglichen".[330]

Die Wurzel des heutigen Verständnisses von Freiheit als völliges Ungebundensein und individuelle Autonomie sieht Ratzinger letztlich in einem verfehlten Gottesbegriff. In der Tat: Da sich die tiefe Sehnsucht des Menschen nach Erfüllung und Vollkommenheit nur dann ganz verwirklichen kann, wenn der Mensch „wie Gott" wird, nimmt die Freiheit, die auf diese „Gottwerdung" hin ausgerichtet ist,[331] unterschiedliche Gestalt an, je nachdem, welchen Gottesbegriff wir ihr zu Grunde legen; denn von diesem hängt der Erfolg des Strebens nach „Gottwerdung" letzten Endes ab. Wir haben bereits die Veränderung oder besser gesagt die Korrektur erwähnt, die die christliche Offenbarung gegenüber einem Gottesbild bedeutete, welches Gott als autarkes, sich selbst genügendes Wesen begriff, das in völliger Isolation lebte und niemandem gegenüber zur Verantwortung verpflichtet war. Das Verdrängen Gottes aus der eigenen Lebenspraxis geht freilich zugleich mit der Versuchung einher,[332] sich selbst zu Gott zu machen, ohne Gott dabei mit einzubeziehen, im Sinne des „non serviam" im Garten von Eden. Man negiert infolgedessen jegliche Abhängigkeit und vergisst dabei, dass das eigentliche Wesen Gottes nicht in der Autarkie besteht, sondern in einer beständigen, gegenseitigen Beziehung der Liebe – einer Liebe, die Abhängigkeit in Freiheit wandelt.

> *„Immer von neuem versuchen die Menschen, durch ihr eigenes technisches Vermögen die Brücke zum Himmel zu konstruieren, d.h. sich aus eigener Kraft zu Gott zu machen. Sie versuchen, dem Menschen jene vollständige Freiheit, jenes unumschränkte Wohlsein, jene unbegrenzte Macht zu geben, die ihm als das Wesen des Göttlichen erscheint, das man aus der unerreichbaren Höhe des Ganz-Anderen in die eigene Existenz herunterholen, ‚zu-*

328 Wir haben bereits die Unterscheidung erwähnt, die Ratzinger diesbezüglich einführt, denn „[d]er Egoismus ist zwar dem Menschen natürlich und ganz von selber da, aber keineswegs die Annahme seiner selbst. Den ersten muss man überwinden, das Zweite muss man finden" (Theologische Prinzipienlehre, 82).

329 Freiheit und Wahrheit, 200f.

330 Ebd., 207.

331 Schauen auf den Durchbohrten, 30 und 32: „Damit der Mensch frei sei, muss er sein ‚wie Gott'. Das Sein-wollen wie ein Gott ist das innere Leitmaß aller Befreiungsprogramme der Menschheit. Weil das Verlangen nach Freiheit im Wesen des Menschen begründet ist, ist er auch von Anfang an auf der Suche danach, ‚Wie Gott' zu werden. In der Tat – alles andere ist dem Menschen schlussendlich zu wenig. [...] Eine Befreiung des Menschen ohne Gottwerdung betrügt den Menschen, sein auf das Unbegrenzte zielendes Verlangen." Vgl. auch Jesus Christus heute, 61; JRGS 6, 974.

332 Vgl. ebd.

rückholen' möchte. Diese Versuche, die das menschliche Geschichtshandeln in allen Perioden tragen, beruhen aber auf Unwahrheit, auf einem ‚Niederhalten der Wahrheit': Der Mensch ist nicht Gott, er ist ein endliches und begrenztes Wesen, und er kann durch keine Macht, welcher Art auch immer, sich selbst zu dem machen, was er nicht ist. Deswegen müssen alle diese Versuche, so gigantisch sie auch beginnen mögen, mit dem Absturz in die Zerstörung enden: Ihr Boden trägt nicht."[333]

So steht es um unsere Erfahrung der Freiheit. Infolge dieses inhärenten Risikos, ja Dramas der Freiheit, sieht sich der Mensch beständig vor die Wahl gestellt: Entweder entscheidet er sich für die Wahrheit, die sich ihm durch das Gewissen und durch das Wort Gottes zu erkennen gibt, oder für die Selbstbehauptung des eigenen Ichs ohne Gott. Wie dem Volk Israel in der Wüste[334] fällt es dem Menschen bisweilen schwer, auf dem österlichen Weg der Liebe weiter voranzuschreiten und mit seinem Leben konsequent der Befreiung aus der Sklaverei zu entsprechen. Und so entschließt sich der Mensch, indem er sich nach den Zwiebeln und dem Knoblauch von Ägypten zurücksehnt (vgl. Num 11,5) – Bilder für Sicherheit, Wohlergehen und Trägheit –, stattdessen dazu, sich seine eigenen Gesetze zu schaffen, andere als diejenigen Gottes und diejenigen, die unserer menschlichen Natur eingeschrieben sind. Was freilich mit einem Gefühl der Erleichterung und Sicherheit beginnt, wandelt sich mit der Zeit in ein existenzielles Unbehagen, da man die schöpferische Liebe, der man das eigene Leben verdankt, zurückgewiesen hat: Der Mensch sieht sich selbst als jemand, der „findet, es gäbe ihn besser nicht".[335] Einer Freiheit, die sich den Anforderungen ihrer eigenen ‚Berufung zur Liebe' entzieht und sich ohne jegliche Bindungen und Referenzpunkte zu betätigen sucht, bleibt schließlich nichts anderes übrig, als sich in Ersatzbefriedigungen zu stürzen, die nur zum Gefühl der Sinnlosigkeit führen und infolgedessen auch zu dem „Versuch, Erwählung abzuschütteln"[336], zu Traurigkeit und Niedergeschlagenheit, den Kennzeichen der metaphysischen Trägheit (*acedia*)[337] ohne jede Hoffnung auf Ausweg. Das Ergebnis, in dem die soeben beschriebene Erfahrung von ‚Freiheit' letzten Endes gipfelt, nimmt Ratzinger daher zum Anlass, auf die offensichtliche Notwendigkeit der Transzendenz hinzuweisen, als einziges Mittel, um die „Hochgemutheit der menschlichen Berufung"[338] wiederzuentdecken, das heißt, um das wahrhaft Menschliche im Menschen zu entfalten und die existenzielle Mutlosigkeit zu überwinden. Er betont daher nachdrücklich: „Nur der Mut, die göttliche Dimension unseres Seins

333 Auf Christus schauen, 56; JRGS 4, 441.

334 Die Rebellion Israels in der Wüste, die „Rebellion der menschlichen Trägheit gegen die Größe der Erwählung", ist für Ratzinger „ein Bild des Aufstands gegen Gott, der in der Geschichte immer wiederkehrt" (ebd., 75; JRGS 4, 456).

335 Ebd.

336 Ebd.

337 Die Beschreibung dieser Erfahrung, ebenso wie der metaphysischen Trägheit und ihrer einzig möglichen Überwindung mittels der Transzendenz, findet sich vor allem im dritten Kapitel von Ratzingers Werk „Auf Christus schauen", auf das ich mich hier beziehe; vgl. bes. 72-91; JRGS 4, 453-468.

338 Ebd., 76; JRGS 4, 457.

wiederzufinden und sie anzunehmen, kann unseren Seelen und unserer Gesellschaft wieder eine neue innere Stabilität geben."[339]

Auf modellhafte Weise verwirklicht sieht Ratzinger diesen Prozess im Leben des hl. Augustinus von Hippo, wie es uns dieser selbst in seinen „Bekenntnissen" schildert. Die Sehnsucht nach Fülle und Wahrheit war für Augustinus der Ansporn, der seinem Leben den Charakter einer beständigen Suche verlieh. Während seiner Jugendjahre führte ihn der Wunsch nach Freiheit zu einem Leben der Sinnlichkeit und zum Streben nach beruflichem Erfolg. Die unmittelbare Folge dieses Lebens war freilich, anders als er erwartet hatte, die Erfahrung einer tiefen inneren Unzufriedenheit. Obwohl ihm alle Türen offenstanden und er sich jeden Wunsch hätte erfüllen können, fühlte Augustinus sich nicht frei, sondern als Sklave seiner selbst und der öffentlichen Meinung. Die Freiheit, die er besaß, war nur eine scheinbare Freiheit. Er ahnte, dass allein die Erkenntnis der vollen Wahrheit über den Kosmos und über sich selbst seinem Leben Sinn verleihen würde. Sich selbst gegenüber entfremdet und gefangen in einer Beziehungslosigkeit, die gerade im inneren Abgeschnittensein von der Wahrheit seiner selbst ihren Ursprung hatte, „war er von einem Trugbild der Freiheit versklavt".[340] Erst als er der Wahrheit begegnete und in ihr seine ‚Heimat', seinen Platz fand, war er fähig, seiner inhaltlosen Freiheit Sinn zu verleihen.

Der autobiografische Bericht des hl. Augustinus enthält auch Anklänge an das biblische Gleichnis vom Verlorenen Sohn,[341] der sein Erbteil einfordert, sein Vaterhaus verlässt, um dieses zu verprassen, und schließlich, nach einer Erfahrung der völligen inneren Leere, voller Reue über den unrechten Gebrauch der eigenen Freiheit, zu seinem Vater zurückkehrt. Parallel dazu repräsentiert die Gestalt des Pilatus eine ganz andere Haltung gegenüber der Wahrheit: diejenige des Skeptikers, der die Frage nach der Wahrheit auf die bloße Pragmatik reduziert, auf das, was zur Erlangung von Erfolg und Macht zweckdienlich erscheint; deshalb ist er selbst dann noch, als er sich der Wahrheit in Person gegenüber sicht, nicht in der Lage, sie in jenem Gefangenen, den er verhört und der sie vor ihm bezeugt, zu erkennen.[342]

4.2 Freiheit des Seins: Zugehörigkeit

Alles dies macht bereits deutlich, dass Ratzinger sich, angesichts der Würde der menschlichen Freiheit, nicht mit einem Konzept begnügt, das diese ausschließlich als Freiheit des Willens, als Möglichkeit zur Wahl, versteht: „Frei ist noch nicht, wer bloß zwischen Beliebigem wählen kann".[343] Andererseits deckt sich sein Begriff von Freiheit auch nicht mit dem gesellschaftspolitisch konnotierten Freiheitsbegriff der griechischen Antike, dessen Sinngehalt im biblischen Kontext übernommen und vom

339 Ebd., 78; JRGS 4, 458.
340 Joseph Ratzinger, Der Heilige Geist als Communio, in: ders., Weggemeinschaft des Glaubens: Kirche als Communio, Augsburg: 2002, 51; JRGS 1, 546.
341 Vgl. dazu Interpretation – Kontemplation – Aktion, 145.
342 Vgl. Jesus von Nazareth, Zweiter Teil, 213-217; JRGS 6, 559-562.
343 Freiheit und Befreiung, 424; JRGS 10, 581.

Christentum noch erweitert wurde.[344] Die spezifische Bedeutung des Begriffs ‚Freiheit' bei Ratzinger können wir nur erfassen, wenn wir das letzte Ziel betrachten, zu dessen Erlangung uns die Freiheit geschenkt ist; in diese Richtung weist uns Ratzinger, wenn er betont: „Es gibt eine Freiheit, die auch von der Gnade nicht aufgehoben, ja, von ihr ganz zu sich selbst gebracht wird".[345] In Bezug auf das Leben des Menschen stellt diese These zunächst fest, dass das übernatürliche Leben auf das Subjekt eine ähnliche Wirkung ausübt wie die Akzidenz auf die Substanz, wobei dieses Wirken selbstverständlich die Natur als Trägerin bestimmter Fähigkeiten und als Ziel bestimmter Handlungen nicht eliminiert,[346] sondern es ihr im Gegenteil ermöglicht, sich in einem höheren Leben selbst zu übersteigen und zu transzendieren.[347] Wenn die Gnade daher den Menschen befähigt, von der Ebene des natürlichen auf jene des übernatürlichen Lebens zu gelangen,[348] also auf die höchste Stufe des Lebens, die zugleich dem Personsein des Menschen in höchstem Maße entspricht, dann kann ihre Wirkung in Bezug auf die menschliche Freiheit in nichts anderem bestehen als in deren Ausrichtung auf ihr eigentliches Ziel hin: die Wahl des Guten. Folglich wird die Freiheit durch ihren rechten Gebrauch nicht nur gestärkt[349], sondern auch vollendet. „Die Freiheit muss immer neu für das Gute gewonnen werden. Die freie Zustimmung zum Guten ist nie einfach von selber da."[350] Da dies eine sehr anspruchsvolle Aufgabe ist, hilft uns die Gnade, sie zu erfüllen.

In diesem Sinn entwirft Ratzinger eine positive Definition der Freiheit als „Möglichkeit der Selbstverwirklichung, der Verwirklichung des eigenen Wesens und seiner Möglichkeiten"[351], als persönliche Antwort der Liebe, die von sich aus das Gute erstrebt. Erst im Guten findet die Freiheit „den großen schöpferischen Raum"[352], das heißt ihre eigene Vollendung. Diesen Gedanken bekräftigt Ratzinger in einer Ansprache, die er als Papst vor der Universität von Parma gehalten hat: „Wirklich frei ist nach dem Evangelium und der Tradition der Kirche jene Person, jene Gemeinschaft oder jene Institution, die ihrem Wesen und ihrem Ziel voll entspricht".[353] Die Entscheidung für das Böse und für den Egoismus hingegen – die im Grunde ein Nein zum Guten ist – führt den Menschen, auch wenn er sich von ihr Freiheit und Glück ver-

---

344 Vgl. Freiheit und Bindung in der Kirche, JRGS 8, 441, sowie Der Heilige Geist als Communio, 51; JRGS 1, 546.

345 Einführung in das Christentum, 305; JRGS 4, 293; vgl. auch Enzyklika Spe salvi, Nr. 24.

346 Vgl. Gratia praesupponit naturam, 137.

347 So argumentiert Ratzinger beispielsweise in „Auf Christus schauen", indem er feststellt: „Die große Verheißung des Glaubens zerstört unser Tun nicht und macht es nicht überflüssig, sondern gibt ihm erst seine rechte Gestalt, seinen Ort und seine Freiheit" (67; JRGS 4, 450).

348 Einen Gedanken des hl. Bonaventura paraphrasierend, stellt Ratzinger fest: „Denn Prinzip der körperlichen Gesundheit sei die Natur, Prinzip der geistigen Gesundheit hingegen etwas, was ‚über der Natur' (*supra naturam*) liege: die Gnade. [...] Ein bloß natürlicher Geist ist undenkbar [...]. Er muss gehalten werden von dem, was mehr ist als er selbst, was ‚übernatürlich' ist" (Gratia praesupponit naturam, 167f.).

349 Vgl. Benedikt XVI., Ansprache bei der Begegnung mit den zivilen Autoritäten und dem Diplomatischen Corps im Garten des Präsidentenpalastes von Nikosia, Zypern, 5. Juni 2010.

350 Enzyklika Spe salvi, Nr. 24.

351 Freiheit und Bindung in der Kirche, JRGS 8, 436f.

352 Salz der Erde/Gott und die Welt, 378.

353 Benedikt XVI., Ansprache an die Professoren und Studenten der Universität Parma, 1. Dezember 2008.

spricht, nicht zur eigenen Erhöhung, sondern sie erniedrigt und demütigt ihn.[354] Die falschen Versprechungen des Bösen, die sich hinter der irrigen Vermutung verbergen, stets nur das Gute zu tun sei langweilig, und wenn wir uns nicht gegen diese Wahrheit auflehnten, wären wir keine Menschen im vollen Sinne des Wortes, erscheinen so in ihrer ganzen Radikalität als Lügen, als Zerrbilder der wahren Freiheit. Gewiss üben wir auch in solchen Fällen unsere Freiheit aus, aber der unrechte Gebrauch entstellt sie. Ähnliches gilt, so Ratzinger, für die Annahme, dass unsere Freiheit umso mehr zunehme, je weniger Bindungen und Verpflichtungen wir unterworfen seien. Eher ist das Gegenteil der Fall: Wir werden umso unglücklicher, weil wir uns selbst der Fähigkeit zu jener Liebe berauben, die zur Ekstase und zum Einswerden mit dem Geliebten führt und die höchstmögliche Verwirklichung unseres Personseins darstellt. Ferner laufen wir möglicherweise Gefahr, unsere Mitmenschen zu instrumentalisieren und unseren freien Willen Gütern zu unterwerfen, die in sich nur Mittel zum Zweck, nicht aber Selbstzweck sind. Fest steht, dass die Entscheidung für das Böse die Freiheit nicht zur Vollendung führt, wie dies etwa an Judas deutlich wird, der nach seinem Verrat an Christus nicht frei wird, sondern „anderen Mächten" verfällt.[355]

Der hl. Thomas von Aquin gibt uns Anstoß zu einer weiteren Überlegung, indem er die Frage stellt, wie es um den freien Willen der Engel und Christi selbst bestellt sei. In diesem Zusammenhang stellt er fest, dass es dem freien Willen in seiner vollkommensten Gestalt eigen sei, offen für die Entscheidung zu sein, jedoch stets „unter Einhaltung der Zielordnung", denn etwas zu wählen, das von dieser Ordnung abweicht, sei „Versagen der Freiheit". Deshalb sei „eine größere Freiheit des Wahlvermögens in den Engeln, welche nicht sündigen können, als in uns, die wir sündigen können."[356] In seinen Ausführungen über die Freiheit Christi führt Thomas eine wertvolle Klarstellung bezüglich des Wesens der Willensfreiheit ein: Auch wenn diese grundsätzlich weder dem einen noch dem anderen mehr zugeneigt sei, verhalte sich die freie Selbstbestimmung nicht in der gleichen Weise zum Guten wie zum Bösen. Die Beziehung zu ersterem bestehe „aus sich selbst und von Natur aus", jene zum letzteren, die nicht von Natur aus bestehe, entstehe „aus einem Mangel" und liege „jenseits der Absicht der Natur."[357] Noch vor ihrem konkreten Gebrauch finde die Freiheit ihre letzte Vollendung, die ihrem eigentlichen Wesen entspreche, in der Wahl des Guten, während hingegen das Anstreben des Bösen weder Freiheit noch Teil der Freiheit sei, auch wenn es in gewisser Weise ein Zeichen der Freiheit sei.[358] Somit lässt sich widerspruchslos behaupten, dass nicht ein jeder Freiheitsakt im wahrsten Sinnes des Wortes ‚frei' bzw. ‚befreiend' genannt werden kann –, insofern, als nur derjenige Akt zur vollen Entfaltung der Freiheit beiträgt, der auch auf das Gute hin gerichtet ist.

An dieser Stelle sind wir mit unseren Überlegungen beim höchsten Begriff der Freiheit angelangt, in dem diese nicht mehr nur als eine bloße Fähigkeit des Menschen verstanden wird, sondern als deren vollendete Form – wobei sich Vollendung hier nicht nur auf die Freiheit als Fähigkeit, sondern auf die gesamte menschliche Person

354 Vgl. Benedikt XVI., Predigt zum Hochfest der Unbefleckten Empfängnis der Jungfrau und Gottesmutter Maria, 8. Dezember 2005.

355 Jesus von Nazareth, Zweiter Teil, 85; JRGS 6, 471.

356 Thomas von Aquin, Summa Theologica, I^{a} q. 62 a. 8 ad 3, Deutsche Thomas-Ausgabe, Bd. 4, S. 337.

357 Ebd., III^{a} q. 34 a. 3 ad 1, Deutsche Thomas-Ausgabe, Bd. 26, S. 383.

358 Thomas von Aquin, De veritate, q. 22 a. 6 co. (übs. Edith Stein, Bd. 2, S. 189).

bezieht. Von daher setzt Ratzinger die menschliche Freiheit mit „Seinshöhe“ gleich, das heißt, mit der Verwirklichung unserer eigentlichen Bestimmung, wobei er hinzufügt: „[...] was freilich eine sinnvolle Aussage nur dann ergibt, wenn Seinshöhe wirklich ‚Höhe‘ ist: Gabe der Liebe und Gegebenwerden in Liebe“.[359] Dies verweist uns zugleich auf die Art und Weise, wie wir zu dieser höchsten Stufe des Personseins gelangen können, nämlich dank der Tatsache, dass wir uns von einem Du in unentgeltlicher Weise geliebt wissen, was uns wiederum dazu befähigt, nicht nur uns selbst anzunehmen und zu lieben, sondern auch unsere Mitmenschen zu lieben. So schenkt die Mutter durch ihre Liebe den Kindern nicht nur das biologische, sondern auch das personale Leben, das heißt ein Leben in Beziehung zu anderen.

Unter allen zwischenmenschlichen Beziehungen ist die unentgeltlichste, dem Personsein am meisten förderliche, diejenige des Vaters oder der Mutter zu ihren Kindern. Kind sein und sich als Kind eines anderen zu wissen ist infolgedessen der ‚personalste‘ Zustand menschlichen Seins, und eben das Kindsein ermöglicht uns jene hohe Stufe der Freiheit in ihrer vollendeten Form, die darin besteht, sich zu verschenken und anderen zur Gabe zu werden. Als Kind gehört man zur Familie, weiß sich zu Hause, ist man kein Fremder mehr. Das Einzige, was vom Kind verlangt wird, ist, dass es sein eigenes Kindsein – das heißt die Wahrheit über sein Dasein – annimmt und die Liebe, die ihm geschenkt wird, entsprechend erwidert. In dieser glücklichen Lage weiß sich der Verlorene Sohn nach seiner Heimkehr zum Vater und er lebt von nun an gemäß der Wahrheit seines eigenen Kindseins. Dieselbe befreiende und sinnstiftende Erfahrung macht der hl. Augustinus, als er endlich zu Gott findet, der von ihm so lange ersehnten Wahrheit; sie ist für ihn zugleich eine Erfahrung des Lebens in Freiheit, frei von den Ketten der Knechtschaft und Sklaverei.[360] Ratzinger zieht in diesem Zusammenhang eine Parallele zwischen dem Leben im Haus des Vaters und der Annahme der Wahrheit im eigenen Leben.[361] Freiheit und Wahrheit lassen sich nicht voneinander trennen, denn

> *„[f]rei ist der Mensch [...] erst, wenn er zu Hause, d.h., wenn er in der Wahrheit ist. Eine Bewegung, die den Menschen von der Wahrheit seiner selbst, von der Wahrheit überhaupt entfernt, kann niemals Freiheit sein, weil sie den Menschen zerstört, sich selbst entfremdet und ihm so gerade seinen eigentlichen Bewegungsraum, das Zu-sich-Werden nimmt.“*[362]

Zwischen der Freiheit und der aus freien Stücken eingegangenen Bindung besteht infolgedessen kein Widerspruch, da ja zur Freiheit als „Seinshöhe“ auch das Handeln im Einklang mit diesem Sein gehört, das heißt, mit der Wahrheit, in deren Zentrum unsere wesenhafte Relationalität und das gegenseitige Aufeinander-Bezogensein steht, dessen höchster Ausdruck die Liebe ist.

---

359 Freiheit und Bindung in der Kirche, JRGS 8, 443.
360 Vgl. etwa seine Predigt Nr. 134 über „die wahre Freiheit“ (zu Joh 8,31-34), *Obras de San Agustín*, Vol. X: *Homilías*, Madrid: 1952, 620-627.
361 Vgl. Interpretation – Kontemplation – Aktion, 145.
362 Der Heilige Geist als Communio, 51; JRGS 1, 546.

Ein solches Verständnis von Freiheit als Daheim-Sein, als ‚Beheimatung', entspricht dem griechischen Konzept der ἐλευθερία[363], in dem Freiheit nicht als Wahlfreiheit, sondern als gesellschaftlicher Status des freien Menschen verstanden wird, der demjenigen des Sklaven diametral entgegensteht. Frei ist nach griechischem Verständnis derjenige, der zur Polis gehört, der in ihr geboren wurde und ihr Bürgerrecht genießt. Freiheit war innerhalb der griechischen Gesellschaft infolgedessen auch die notwendige Voraussetzung für die Einheit innerhalb der Familie, der Polis und des Staatswesens. Der Sklave hingegen wurde aufgrund seiner Stellung als ‚Fremder' nicht zum Kreis der Bürger gezählt und genoss nicht deren Rechte. Die Tatsache, ob man zur Bürgerschaft gehörte oder nicht, markierte somit einen ontologischen Unterschied – zwischen der höchsten Stufe des Seins („Seinshöhe") und dem niedrigsten Seinsstatus innerhalb der Gesellschaft. Allein als Konsequenz aus diesem Sein ergab sich das persönliche ‚Los', das Lebensschicksal eines jeden Einzelnen, in Abhängigkeit vom Beruf oder dessen Funktion innerhalb der Gesellschaft. Dieses Verständnis von Freiheit fand auch im biblischen Kontext seinen Niederschlag; es spiegelt sich etwa im allegorischen Gegensatz zwischen Sarah, der Freien, und Hagar, der Sklavin, im Buch Genesis.[364] Isaak, der Sohn der Freien, ist der von Gott berufene Erbe der Verheißung. Die Weitergabe der Verheißung hängt hier nicht etwa vom moralischen Handeln ab, sondern allein von der Zugehörigkeit zur Familie, vom persönlichen Status der ‚Freiheit' im Sinne von Sohnschaft. Erst als eine Folge ergibt sich daraus auch der Unterschied im jeweiligen Verhalten, das als verantwortungsbewusste Antwort dem eigenen Sein und der Verheißung – das heißt der zusammen mit dem eigenen Sein empfangenen Berufung – entsprechen muss.[365] Der Sohn ist seinem Wesen nach Sohn, er muss dies nicht erst durch sein Handeln beweisen – geht doch das Sein dem Handeln voraus; aber eben *weil* er Sohn ist, erwartet man von ihm, dass er sich auch entsprechend verhält, das heißt als Angehöriger der Familie und als Erbe handelt.[366]

> *„Frei ist nur, wer die Maße seines Tuns allein von innen her nimmt und keinem äußeren Zwang zu gehorchen braucht. Frei ist darum, wer mit seinem Wesen eins geworden ist, eins mit der Wahrheit selbst. Denn wer eins ist mit der Wahrheit, handelt nicht mehr nach äußeren Notwendigkeiten und Zwängen; in ihm sind Wesen, Wollen und Tun zur Deckung gelangt."*[367]

Freiheit im biblischen Sinn ist folglich – in höherem Maße als nur der griechische Begriff, der allein das menschliche Gemeinwesen in den Blick nimmt – „Partizipation am Sein selbst". Deshalb lässt sich auch Gott definieren als die „Freiheit in Person", denn er ist „Totalität des Seinsbesitzes"[368], „Bewusstsein, Freiheit und Liebe"[369], „eine Freiheit, die [...] Freiheiten schafft und so die Freiheit zur Struktur-

363 Vgl. Freiheit und Bindung in der Kirche, JRGS 8, 441, sowie Der Heilige Geist als Communio, 51; JRGS 1, 546.
364 Gen 21,9-13; Ratzinger deutet diesen Abschnitt im Licht von Gal 4-6.
365 Vgl. Freiheit und Bindung in der Kirche, JRGS 8, 441f.
366 Vgl. Jesus Christus heute, 62; JRGS 6, 975f., wo Ratzinger überzeugend darlegt, dass die Moral als Konsequenz des Seins verstanden werden muss, wie auch das Verfolgen christlicher Ideale stets eine Konsequenz des ‚Mitseins' mit Christus ist.
367 Freiheit und Befreiung, 424; JRGS 10, 581.
368 Freiheit und Bindung in der Kirche, JRGS 8, 443.
369 Einführung in das Christentum, 147; JRGS 4, 155.

form allen Seins werden lässt"[370], eine Freiheit, die die Welt erschaffen hat, „damit Liebe sei"[371]. Gott offenbart sein Wesen als Freiheit vor allem auf zweierlei Weise: in der Schöpfung und in der Menschwerdung des göttlichen Wortes, des Sohnes. Dieses Bild des dreifaltigen Gottes als inneres Aufeinander-Bezogensein in Liebe macht die eigentliche ‚Gottwerdung' des Menschen überhaupt erst möglich.[372] Nur wenn der Mensch seine Entfremdung von der eigenen Wahrheit überwindet, das heißt seine Gottebenbildlichkeit, seine Sohnschaft, sein unentgeltliches Geliebtsein wiederentdeckt, dann wird er auch fähig, zu sich selbst – im Sinne des Egoismus der zweiten Natur – auf Distanz zu gehen und sich zu transzendieren,[373] fähig, jenes Göttliche, das in ihn hineingelegt wurde – sein wahres Ich – wiederzuerlangen, ein Prozess, der ihn schließlich zur wahren Menschwerdung gelangen lässt.[374] Das Projekt des Menschseins ist hingegen zum Scheitern verurteilt, wenn der Mensch werden will wie seine eigene falsche Vorstellung von Gott: ein Wesen ohne jegliche Begrenzungen, egoistisch und isoliert.[375] Diese Auffassung verweigert sich der Wahrheit des Menschen und führt folglich nicht auf den Weg der Vergöttlichung, sondern auf jenen der Entmenschlichung. Solange der Mensch seiner eigenen Wahrheit entfremdet bleibt, wird er nicht zu seinem eigentlichen Ich finden und sich stattdessen in den Neid und in die Habgier eines falsch verstandenen Menschseins hineinsteigern, die bis zur Barbarei gehen kann.[376] Daher kommt es, dass ein jeglicher Versuch, zur vollkommenen Freiheit, das heißt zur eigenen Gottwerdung, zu gelangen, zum

---

370 Ebd. 146; JRGS 4, 154.

371 Im Anfang schuf Gott, 38.

372 Vgl. Freiheit und Wahrheit, 200: „Wo man sich von ihr [der anthropologischen Grundfigur des Menschen als Gottes Ebenbild] zu befreien versucht, bewegt man sich nicht auf Göttlichkeit zu, sondern auf Entmenschlichung, auf Zerstörung des Seins selbst durch Zerstörung der Wahrheit."

373 Vgl. Gratia praesupponit naturam, 163 und 170-175. Die Gegenüberstellung zweier Naturen erlaubt es uns, zwischen zweierlei verschiedenen ‚Ichs' zu unterscheiden: einerseits jenem Ich, das in sich selbst das göttliche Element entdeckt, mittels dessen es zur Liebe und zur Vereinigung mit Gott hinstrebt, das heißt, die ursprüngliche Natur, die es zu wecken gilt, damit sie wieder tragfähig wird; andererseits jenem ‚zweiten Ich', das von der Erbsünde herkommt und sich in der ‚Ichsucht' manifestiert, das heißt in einem Kreisen um sich selbst, das der Wahrheit des eigenen Seins den Rücken kehrt, sich mit der Lüge abfindet und auf diese Weise zur wahren Liebe und letztendlich zur vollen Verwirklichung seines Personseins unfähig wird. Es geht hier also um denselben Gegensatz zwischen ‚personal' und ‚natural', wie ihn Ratzinger auch auf seine Interpretation der Einheit zweier Willen in der Person Jesu Christi anwendet (vgl. Schauen auf den Durchbohrten, 34f.).

374 Das Wesen des Menschlichen ist die Berufung zur ‚Gottwerdung', wie Ratzinger im ersten Teil seines Werks „Schauen auf den Durchbohrten" in Erinnerung ruft: Es geht „um das zentral Menschliche. Denn damit will das Neue Testament den Ort der möglichen Gottwerdung des Menschen bezeichnen, also den Raum seiner Befreiung – die Stelle, an der er seine Wahrheit berührt und selbst wahr wird" (31f.).

375 In seinem Vortrag „Jesus Christus heute" identifiziert Ratzinger dieses Götzenbild mit der Einstellung des Reichen im biblischen Gleichnis, der seinen Reichtum nicht mit dem armen Lazarus teilt, weil er einen Gott nachahmen will, der alles besitzt und, da er von niemandem etwas nötig hat, auch keine Beziehungen und Bindungen eingeht. „Eine solche Art von Gott will der Mensch sein", so Ratzinger weiter, „einer, dem alles zufließt und der selbst nichts gibt" (69; JRGS 6, 986). Dies entspreche dem Gottesbild der Arianer. Vgl. auch Freiheit und Befreiung, 413; JRGS 10, 567, sowie Schauen auf den Durchbohrten, 30 und f.

376 Vgl. Theologische Prinzipienlehre, 53.

Scheitern verurteilt ist, wenn der Mensch sich dabei Gott gegenüber verschließt und stattdessen einem Götzen nachläuft. Ohne Gott gibt es auch keine Gottwerdung.[377]

4.3 Ontologie der Freiheit

Um zur Höhe des Seins bzw. des Lebens zu gelangen, ist, ebenso wie zur Erlangung der Freiheit, die uns auf diese Seinshöhe führt, indem sie die rein natürliche Ebene übersteigt, eine aktive Haltung vonnöten, die für den Empfang des wahren Personseins offen ist. Und da das Personsein das Eingangstor zum Übernatürlichen darstellt, welches per Definition außerhalb der Reichweite der bloß natürlichen Aktivität liegt,[378] lässt das sich hieraus ergebende Dilemma zum einen die Tragödie einer Menschheit zu Tage treten, die nur ihren eigenen Kräften überlassen bleibt;[379] zum anderen erscheint als einziger möglicher Ausweg die Hilfe einer übernatürlichen Instanz, die sich dem Menschen zuneigt, ihn ergreift und über sich selbst zum Göttlichen hinaufhebt. Eben darin besteht das Wirken der übernatürlichen Gnade in der menschlichen Natur. Ihr Eingreifen erscheint uns dabei keineswegs als etwas Fremdartiges, sondern es entspricht vielmehr gleichsam der Heimkehr zu einer Realität, die uns bereits von Grund auf vertraut ist.[380] „Nur im Miteinander mit Gott wird menschliches Leben eigentliches Leben. Ohne ihn bleibt es unterhalb der Schwelle seiner selbst und zerstört sich selbst. [...] Wir können dieses Miteinander nicht ‚herstellen'".[381] Gott erscheint somit als der Garant der wahren Freiheit, der liebenden Freiheit der Kinder Gottes, die sich aus Liebe mit dem Geliebten verbinden und ihren Willen mit dem seinen vereinigen wollen.

Andererseits ist der Sohn *par excellence* – derjenige, der in der gefallenen Menschheit die Gotteskindschaft wiederherstellt – der Logos, das fleischgewordene Wort, Jesus Christus. Die Beziehung zwischen dem menschgewordenen Wort und dem Vater

---

377 Es fällt auf, wie eng sich hier Ratzingers Überlegungen mit der Freiheitslehre des hl. Augustinus berühren, in welcher die Dichotomie zwischen der Gottesliebe und der ungeordneten Selbstliebe auf exemplarische Weise zum Ausdruck kommt. Augustinus schreibt über die menschliche Geistseele, diese sei zweifellos umso vollkommener, „wenn sie sich vor Liebe zum unwandelbaren Gott vergisst oder sich beim Vergleich mit ihm völlig verachtet. Wenn sie sich aber umgekehrt darin gefällt, Gott in verkehrter Weise nachzuahmen, so dass sie ihre eigene Macht genießen will, dann wird sie um so viel geringer, wie sie größer zu sein begehrt. Und das ist ‚der Anfang aller Sünde, der Hochmut' (Sir 10,15), und „von Gott abzufallen ist der Anfang des Hochmutes des Menschen' (Sir 10,14)" (Augustinus, De libero arbitrio, III, 76, übs. Brachtendorf, S. 305).

378 Dieser Aufstieg zur ‚Seinshöhe' bedeutet jedoch keineswegs einen Bruch mit der Natur, sondern vielmehr „deren Erhöhung und Vollendung, als das große, erfüllende Ja" (Gratia praesupponit naturam, 160).

379 Vgl. Einführung in das Christentum, 243f.; JRGS 4, 238f. Ratzinger spielt dort auf einen Gedanken von Camus an, in dem dieser Sisyphus zum Symbol der Menschheit erklärt, der versucht, einen schweren Stein einen Berg hinaufzuwälzen, wobei ihm dieser ein ums andere Mal wieder entgleitet. Der Verzweiflung Camus' und dessen letztendlichem Verzicht auf den Aufstieg stellt Ratzinger hierauf die christliche Hoffnung entgegen, die im Vertrauen auf das Handeln Gottes schließlich dennoch zum Gipfel gelangt.

380 In seinem Aufsatz „Freiheit und Wahrheit" erläutert Ratzinger das Wirken der Gnade, das mit der Annahme des Glaubens verbunden ist, folgendermaßen: „[D]arum ist menschliches Zuhören auf die Botschaft des Glaubens kein passives Aufnehmen sonst unbekannter Information, sondern das Aufwecken unseres verschütteten Gedächtnisses und das Auftun der Kräfte des Verstehens, die in uns auf das Licht der Wahrheit warten" (206).

381 Jesus Christus heute, 69f.; JRGS 6, 982.

stellt folglich auch die Keimzelle der wahren Freiheit[382] und den wahren Schlüssel zum Gebrauch der menschlichen Freiheit dar. In diesem Sinne interpretiert Ratzinger sie, vor allem in seiner Deutung des Gebetes Jesu im Ölgarten auf jenen Kampf zwischen den ‚zwei Willen' Christi hin, welcher für ihn „das eigentliche Entscheidungsdrama der menschlichen Geschichte" verkörpert.[383] Die innere Spannung des Menschen zwischen der ‚Synergie' mit dem Willen Gottes (das heißt mit der Wahrheit) einerseits und ihrem Gegenteil, der Bestätigung seiner selbst, die sich von Gott lossagt, andererseits wird uns hier in ihrer ganzen Dramatik vor Augen geführt. Christus durchlebt diesen Kampf mit solcher Intensität, dass er in seinem Leiden sogar Blutstropfen schwitzt. Sein Wille strebt nach nichts anderem als nach der Erfüllung dessen, was er als den Auftrag des Vaters versteht; ihretwegen ist er Mensch geworden und sie stellt für ihn folglich ein Gut in sich dar. Aber andererseits präsentiert sie sich seiner menschlichen Natur als etwas Entsetzliches, Furchtbares und Angst Einflößendes[384], das von ihm die Hingabe aller anderen Güter, ja selbst seines Lebens, verlangt. Christus spielt uns hier nichts vor, sein Leiden ist real. Tatsächlich fleht er den Vater in seinem Gebet sogar an, dass, wenn möglich, der Kelch des Leidens an ihm vorübergehen möge; hierin offenbart sich sein menschlicher Wille, der vor den bitteren Demütigungen und Leiden, die ihm bevorstehen, zurückschreckt. Aber bereits im nächsten Moment überlässt sich Christus in einem Akt der Unterwerfung ganz dem Willen des Vaters: „[N]icht mein, sondern dein Wille soll geschehen". (Lk 22,42)

Gerade diese freiwillige Unterwerfung, die hier im Gebet Christi zum Ausdruck kommt, provoziert eine Reihe von Fragen: Wie kann es sein, dass der menschliche Wille eine derartige Selbstentäußerung, vor der er natürlicherweise zurückschrecken müsste, auf sich nimmt, ohne dabei seine Freiheit zu verlieren? Ja, noch mehr: Erscheint hier der Wille Gottes nicht vielmehr als Bedrohung der menschlichen Freiheit, die dem göttlichen Willen geopfert und infolgedessen beschnitten werden muss? Zeigt sich nicht gerade in der Geschichte Israels die beständige Auflehnung des auserwählten Volkes gegenüber den Forderungen Gottes – was das Widerstreben Jesu gegenüber der Passion, den Wunsch, sich von ihr zu ‚befreien', nur allzu verständlich machen würde? Oder wurde in Christus der menschliche Wille am Ende doch ausgelöscht und vom göttlichen absorbiert? Wie also lässt sich dieses scheinbar unlösbare Paradoxon erklären?

Die Lösung hierfür findet Ratzinger, in Übereinstimmung mit der katholischen Lehre,[385] mittels einer Analyse jener inneren Einheit, die in Christus zwischen dem menschlichen und dem göttlichen Willen besteht. Beide existieren – „unvermischt und ungetrennt" – in der einen göttlichen Person Jesu Christi. Deshalb bestehen in ihm wirklich Gottheit und Menschheit in gleicher Weise nebeneinander. Auf der existenziellen Ebene sind diese beiden – und hierin liegt der Schlüssel zum Verständnis – nicht auf ‚naturale' Weise vereint, das heißt, sie existieren weder einfach nur separat nebeneinander noch wird die eine von der anderen Natur gänzlich absorbiert, sondern sie sind stattdessen auf ‚personale' Weise miteinander verbunden, das heißt, vereint in einer Ge-

382 Vgl. Schauen auf den Durchbohrten, 32.

383 Jesus von Nazareth, Zweiter Teil, 176; JRGS 6, 534.

384 Ratzinger beschreibt die Todesangst Christi als „die Annahme des Schrecklichen, das Hineingehen in die Schmach der Vernichtung der eigenen Würde, in die Schmach eines ehrlosen Todes" (ebd., 177; JRGS 6, 535).

385 Er nimmt dabei Bezug auf die Konzilien von Nicäa (325) und Chalcedon (451) sowie auf deren Auslegung durch den byzantinischen Theologen Maximus Confessor († 662).

meinschaft (κοινωνία) der Liebe[386], ähnlich, wie diese zwischen den drei göttlichen Personen besteht, wobei freilich sowohl Gottheit als auch Menschheit ihre jeweilige ontologische Spezifik bewahren. Diese Gemeinschaft verwirklicht sich konkret immer dann, wenn beide Willen sich in einer gemeinsamen Antwort gegenüber einem gemeinsamen Gut oder Wert miteinander verbinden, welches sie erstreben, das heißt, wenn beide sich selbst transzendieren, aus ihrem eigenen Ich heraustreten, um sich miteinander im Du zu vereinen; auf diese Weise aktualisieren sie die innertrinitarische Beziehung[387]: „Die beiden ‚Willen' sind in der Weise geeint, in der Wille und Wille sich einen können: in einem gemeinsamen Ja zu einem gemeinsamen Wert."[388] Indem sich der menschliche Wille solcherart mit dem göttlichen vereint, wird er frei, das heißt, er wird ‚vergöttlicht'. Eben der Gehorsam gegenüber dem Willen des Vaters macht letzten Endes die existenzielle Gemeinschaft beider Willen überhaupt erst möglich und mit ihr jenen „wunderbaren Tausch", in dem das Menschliche und das Göttliche in einer „Alchemie des Seins"[389] miteinander verschmelzen. Von der göttlichen Perspektive her betrachtet, zeigt sich hier, wie der Logos zur Menschheit herabsteigt, um in sich den menschlichen Willen aufzunehmen und ihn sich zu eigen zu machen.[390] Durch dieses Herabsteigen wird der Mensch, mit dem sich das Wort vereint, frei, er wird selbst ‚vergöttlicht'. Der Gehorsam des Sohnes befreit den Menschen aus der Knechtschaft – das heißt von allem, was ihn daran hindert, im eigentlichen Sinn des Wortes Person zu sein – und er gibt ihm selbst Anteil an der Sohnschaft, das heißt an der höchstmöglichen „Seinshöhe". Das Gebet Jesu im Ölgarten wird so zu einem wahren „Laboratorium der Freiheit"[391] mit entscheidenden theologischen Konsequenzen im Hinblick auf die Erlösung der gesamten Menschheit. Hierin liegt auch der Grund, warum die Teilhabe am Gehorsam des Sohnes die wahre Verwandlung und Erneuerung des Menschen ermöglicht, seine vollkommene Menschwerdung und ‚Gottwerdung'.[392]

Die vollkommene Einheit, die zwischen Gottheit und Menschheit in der Person Jesu Christi im Sinne einer personalen Communio besteht, umschreibt das Dritte Konzil von

386 Ratzinger entwickelt diese Deutung detailliert in der 6. These seiner „Christologischen Orientierungspunkte", die wir aufgrund ihrer klaren Formulierung hier zur Gänze wiedergeben wollen: „Aber dieser menschliche Wille folgt dem göttlichen Willen und wird so, nicht auf naturale Weise, sondern auf dem Weg der Freiheit ein einziger Wille mit ihm: Die metaphysische Zweiheit eines menschlichen und eines göttlichen Willens wird nicht aufgehoben, aber im *personalen* Raum, im Raum der Freiheit, vollzieht sich beider Verschmelzung, so dass sie nicht natural, aber personal *ein* Wille werden. Diese freie Einheit – die von der Liebe geschaffene Weise der Einheit – ist eine höhere und innerlichere Einheit als eine bloß naturale Einheit. Sie entspricht der höchsten Einheit, die es überhaupt gibt, der trinitarischen. […] In ihm sind nicht zweierlei Ich, sondern nur ein einziges. Der Logos spricht vom menschlichen Wollen und Denken Jesu im Ich-Stil; es ist sein Ich geworden, in sein Ich aufgenommen, weil der menschliche Wille mit dem Willen des Logos völlig eins und mit ihm reines Ja zum Willen des Vaters geworden ist" (Schauen auf den Durchbohrten, 34f.).

387 Der Dynamismus von Relationalität und Transzendenz ist ja, wie bereits gezeigt, der Schlüssel zur Personalität; Ratzinger verweist hierauf im selben Kontext ebenfalls: „Der menschliche Wille Jesu ordnet sich dem Willen des Sohnes ein. Indem er dies tut, empfängt er dessen Identität, nämlich die völlige Unterordnung des Ich unter das Du, das Sich-Schenken und Übereignen des Ich ans Du: Dies ist ja das Wesen dessen, der reine Relation und reiner Akt ist. Wo Ich sich an Du verschenkt, wird Freiheit, weil die ‚Form Gottes' aufgenommen wird" (ebd., 36).

388 Ebd., 78; siehe auch Communio: Eucharistie – Gemeinschaft – Sendung, 71; JRGS 8, 325.

389 Schauen auf den Durchbohrten, 78; siehe auch Communio: Eucharistie – Gemeinschaft – Sendung, 72; JRGS 8, 326.

390 Vgl. Schauen auf den Durchbohrten, 36f.

391 Ebd., 37.

392 Vgl. ebd., 78f., und Communio: Eucharistie – Gemeinschaft – Sendung, 72; JRGS 8, 326.

Konstantinopel mit dem Begriff „Ontologie der Freiheit".[393] Der Terminus ‚Ontologie' bezeichnet etymologisch gesehen „die Wissenschaft vom Sein an sich", das heißt, er verweist uns auf den letzten Ursprung der Wirklichkeit, auf das, was die Dinge eigentlich sind. Der Begriff „Ontologie der Freiheit" identifiziert die Freiheit Jesu folglich mit dem inneren Wesen der Freiheit selbst, die dazu geschaffen ist, sich selbst zu transzendieren und sich in einer Gemeinschaft der Liebe mit einem anderen Du zu verbinden – auf vollkommene Weise mit dem göttlichen und auf begrenztere Weise mit einem menschlichen Du. Er beschreibt sie als eine Freiheit, die gerade darum als höchste Vollendung des freien Willens erscheint, weil sie sich dem höchsten Gut zuwendet und sich in einer Vereinigung der Ekstase an dieses Gut bindet; auf diese Weise gelangt sie zu innerer Einheit und zum Einklang mit ihrer ursprünglichen Synergie. Aus demselben Grund geht auch die Freiheit Christi Bindungen und Verpflichtungen ein, als Konsequenz ihrer freien Entscheidung für die Liebe und das Gute, ungeachtet des Wechselspiels der Gefühle und ungeachtet von Widerständen[394], angesichts derer sich ihr die Versuchung aufdrängt, aufzugeben und ihrer Sendung untreu zu werden. Die Freiheit Jesu entspricht schließlich auch dem Verständnis von Freiheit als ‚Seinshöhe', und zwar der höchsten Stufe des Seins, die der Mensch je erreichen kann, indem sie in ihm jenes Siegel erneuert und zur Vollendung bringt, das ihm bei der Schöpfung eingeprägt wurde und aufgrund dessen er Ebenbild Gottes ist, das heißt, indem sie ihn in der Wahrheit seiner selbst leben lässt. Als Preis dafür muss Christus freilich sich selbst, das heißt seinem menschlichen Willen, ‚sterben', insofern sich dieser aus freien Stücken, und ohne dabei seine Identität zu verlieren, dem göttlichen Willen unterwirft. Er muss dem Natürlichen in sich sterben, um so den Weg zu ebnen für das Personale, das Übernatürliche. Dieser Preis ist gewiss teuer und schmerzhaft, aber er entspricht der Dynamik der Liebe, jener Liebe, die sich auf den Weg macht, um das Wohl des Geliebten zu suchen, noch vor ihrem eigenen Wohl. Allein dieser Weg führt zur „endgültige[n] Macht der Welt"[395], zur Macht der Wahrheit und der Liebe.

4.4 Pädagogik der Freiheit

Wir haben hiermit bereits die wesentlichen Aspekte von Ratzingers Verständnis der Freiheit umrissen, können jedoch unsere Überlegungen nicht beenden, ohne nicht auch noch eine letzte Dimension zu erwähnen, die in seinem Denken durchweg implizit oder explizit eine zentrale Rolle spielt und aus dem bisher Gesagten gleichsam als logische Konsequenz hervorgeht. Gewiss ist Freiheit in ihrem eigentlichsten Sinn jene Höhe des Seins, die uns in der Wahrheit – das heißt in Gott – beheimatet sein lässt und ihren höchsten Ausdruck in der Liebe findet. Andererseits gilt es freilich zu bedenken, dass zur Verwirklichung dieses Projekts der eigenen Menschwerdung eine ‚zweite Geburt'

393 Schauen auf den Durchbohrten, 78.
394 Vgl. dazu etwa Theologische Prinzipienlehre, 102: „Damit wird sichtbar, dass es bei Jesus nirgends um eine beziehungslose Liberalität geht, sondern seine Freiheit wie seine Strenge kommen aus einer gemeinsamen Mitte hervor: aus seinem betenden Umgang mit dem Vater, aus der persönlichen Kenntnis Gottes, von der aus er die Scheidelinie zwischen Zentrum und Peripherie, zwischen Gotteswille und Menschenwerk trifft."
395 Joseph Ratzinger, Ein neues Lied für den Herrn: Christusglaube und Liturgie in der Gegenwart, zitiert nach: ders., Berührt vom Unsichtbaren: Ein Jahreslesebuch, hg. v. Ludger Hohn-Merisch, Freiburg i. Brsg.: 2005, 276.

vonnöten ist, die sich (mit der notwendigen Hilfe anderer Menschen) inmitten der inneren Auseinandersetzung zweier „Gravitationskräfte"[396] vollzieht – der Kraft des Inhumanen, mittels derer wir zum Egoismus und zur Verfolgung eigener Interessen tendieren, und der Kraft des wahrhaft Menschlichen, die uns nach der Wahrheit und nach der Liebe streben lässt. Hieraus wird offensichtlich, dass die Erlangung der Freiheit einen inneren Weg und einen Lernprozess voraussetzt. ‚Seinshöhe' ist das Ergebnis einer Entwicklung und einer vorausgegangenen Anstrengung, die bisweilen zahlreiche Hindernisse überwinden muss, wie etwa in den bereits erwähnten Beispielen des Gleichnisses vom Verlorenen Sohn oder des Lebens des hl. Augustinus. In anderen Fällen erscheint der Weg etwas einfacher. Immer jedoch gilt es ihn zu beschreiten, da dieser Weg letztendlich mit jenem Weg der Liebe identisch ist, den wir oben als Exodus beschrieben haben, als ‚Heraustreten' aus sich selbst, um auf diese Weise ein bestimmtes Ziel zu erreichen. In seinem Aufsatz „Freiheit und Bindung in der Kirche" spricht Ratzinger im Hinblick auf diese Wirklichkeit von der Notwendigkeit einer „Pädagogik der Freiheit", die er als „Erziehung zum Sein, Erziehung zur Liebe"[397] definiert und deren Ziel es ist, jeden Einzelnen in das göttliche Leben – im oben beschriebenen Sinn – einzuführen.

Bereits in seiner ursprünglichen Bedeutung impliziert der Begriff ‚Pädagogik' den Gedanken, ein Kind zur Reife zu führen, und setzt von daher das Zusammenwirken zweier Freiheiten[398] voraus, derjenigen des Kindes und derjenigen des Erziehers. Dass ein Kind der Anleitung und Erziehung bedarf, erscheint selbstverständlich, denn würde man es seiner eigenen Willkür überlassen – wir könnten auch sagen, seiner natürlichen Neigung –, so würde es sich mit großer Wahrscheinlichkeit schon bald zu einem launischen Egozentriker entwickeln. Neben der kindlichen Unschuld und Einfalt ist in ihm auch der Egoismus präsent, die ständige Tendenz, alles auf sich selbst zu beziehen. Ein Erzieher weiß, dass er das ihm anvertraute Kind nicht nur ernähren und ihm, neben vielen anderen Dingen, das Gehen und Sprechen beibringen muss, sondern dass er auch nach und nach dessen Egoismus in geordnete Bahnen lenken muss, der sich freilich im Erwachsenen nur auf subtilere Weise äußert. Seine häufigsten Manifestationen sind das Streben nach dem, was angenehm ist und unmittelbar vor Augen liegt, oder der Wunsch, die Aufmerksamkeit anderer auf sich zu ziehen. Wie bereits erwähnt, zeichnen sich Kindheit und Jugend dadurch aus, dass wir uns während dieser Lebensabschnitte ständig ‚im Spiegel' des eigenen Ichs betrachten. Dagegen erfordert die zur Reife gelangte Liebe, die aus sich heraustritt und das Wohl des anderen erstrebt, eine Überwindung eben dieser ‚Ichsucht', um so zum inneren Gleichgewicht zwischen *Eros* und *Agape* gelangen zu können. Eine solche Haltung sucht die Erziehung zur Relationalität zu fördern.[399]

Das Kriterium bzw. der Bezugspunkt der Erziehung kann in diesem Fall in nichts anderem liegen als in der Wahrheit über den Menschen selbst, die seinem Leben Sinn verleiht. Auch hierauf lässt sich erneut das anthropologische Bild des Nestes bzw. des Mutterschoßes anwenden, das uns auf die gegenseitige Abhängigkeit aller Menschen voneinander verweist. In gewisser Weise gilt für die Erziehung Ähnliches, da sie einen Prozess darstellt, in dessen Verlauf jeder Beteiligte sozusagen Edukand und Erzieher zugleich

396 Theologische Prinzipienlehre, 65.
397 Freiheit und Bindung in der Kirche, JRGS 8, 443.
398 Vgl. Benedikt XVI., Schreiben an die Diözese und die Stadt Rom über die dringende Aufgabe der Erziehung, 21. Januar 2008.
399 Vgl. Freiheit und Befreiung, 414; JRGS 10, 568f.

ist. Um als Kinder Gottes leben zu können, bedürfen wir einer Erziehung, die dieser Kindschaft entspricht und mittels derer wir sie uns persönlich zu eigen machen. Andererseits lässt die gleichzeitige Präsenz von Humanem und Inhumanem in unserer menschlichen Natur die Freiheit als etwas erscheinen, das es ein ums andere Mal neu zu erringen gilt, weshalb wir uns angesichts einer jeden Alternative, vor die wir im Laufe des Lebens gestellt sind, stets neu für das Gute entscheiden müssen. Gewiss, die Wahl und das Tun des Guten versetzen uns in die Lage, später mit umso größerer Leichtigkeit das Gute zu wählen und entsprechend zu handeln. Dies folgt aus der sprichwörtlichen ‚Macht der Gewohnheit', kraft derer wir dazu neigen, in ähnlicher Weise fortzufahren, wie wir einmal begonnen haben – was freilich ebenso gilt für den Fall, dass wir uns dafür entscheiden, das Böse zu tun. Nichtsdestoweniger kommen wir nicht umhin, unsere Entscheidungen immer neu zu fällen[400] und unsere Option für das Gute angesichts einer jeden konkreten Alternative zu erneuern. In diesem Sinne wird der einzelne Mensch in gewisser Weise zum Erzieher seiner selbst. Daneben existiert freilich auch noch ein Erzieher *par excellence*, nämlich jener, der, indem er unser Dasein unentgeltlich und aus Liebe bejaht und erhält, auf entscheidende Weise dazu beiträgt, dass wir uns selbst annehmen können. Dieser wahre ‚Lehrmeister' der Freiheit und Liebe ist niemand anderer als Gott selbst, von dem sich sagen lässt, er *sei* die Freiheit.[401]

Bevor wir uns nun den einzelnen Zügen dieser Pädagogik der Freiheit und der authentischen Praxis der Befreiung, die mit ihr einhergeht[402], näher zuwenden, müssen wir uns in Erinnerung rufen, dass wahre Freiheit den rechten Gebrauch der menschlichen Willensfreiheit voraussetzt. Daher gilt es, bei der Erziehung des Verstandes, des Willens und des Gefühls anzusetzen, die alle gemeinsam das ausmachen, was Ratzinger mit dem Begriff ‚Herz' belegt. Nicht zuletzt erfordert die beständige Entscheidung für das Gute einen ihr vorausgehenden Unterscheidungsprozess, der uns überhaupt in die Lage versetzt, das Gute zu erkennen. Dies beinhaltet zunächst eine gründliche Kenntnis der Realität, um unter den sich bietenden Optionen jeweils diejenige bestimmen zu können, die am meisten der ‚Menschlichkeit' entspricht, und diese in einem zweiten Schritt denjenigen Optionen vorziehen zu können, die im Gegensatz dazu ‚wider-menschlich' sind. Letzteres ist wiederum nur dann möglich, wenn ein Kriterium zur Verfügung steht, durch welches sich ‚Menschlichkeit' definieren lässt, das heißt die eigentliche Wahrheit über den Menschen im Unterschied zur allgemein verbreiteten Meinung, zum Konsens oder zur Mode, die, auch wenn man sie bisweilen zu Maßstäben erklärt, nur dann tatsächlich als solche fungieren können, wenn sie sich an der Wahrheit orientieren.

Wie bereits erwähnt, ist es allein einem objektiven, wesensorientierten Blick, der sich dem Sein einer jeden Person zuwendet, möglich, deren inneren Wert als Person zu erkennen und ihr Dasein, auch jenseits aller zweitrangigen Äußerlichkeiten und des von der jeweiligen Situation bestimmten Handelns, grundsätzlich als gut zu bejahen. Zwei wesentliche Elemente einer Pädagogik der Freiheit bestehen folglich darin, den Menschen zur Wahrheit über sich selbst zu führen und ihn mittels einer Haltung der Demut fähig zu machen, diese anzunehmen. Auf diese Weise wird es ihm möglich, Tag für Tag ein wenig zu wachsen, denn „[n]ur in der kleinen Geduld der Wahrheit reifen wir von

400 Vgl. Enzyklika Spe salvi, Nr. 24.
401 Vgl. Einführung in das Christentum, 140 und 145f.; JRGS 4, 148f. und 153.
402 Vgl. Freiheit und Befreiung, 413; JRGS 10, 568.

innen her, werden frei von uns selbst und frei für Gott".[403] Eine recht verstandene Erziehung führt den Menschen zur Erkenntnis der beiden wesentlichen Komponenten, die das Menschsein als solches definieren: der Tatsache, dass der Mensch ein personales Wesen ist, ausgestattet mit einer besonderen Würde, die nicht aus sich selbst heraus erklärt werden kann, sondern ihn im Sein und Handeln auf andere verweist – allen voran auf den Anderen, dessen Abbild er ist; ferner, dass er seine Erfüllung und sein Glück erst in der Liebesgemeinschaft mit anderen Personen findet, indem er aus seinem eigenen Ich heraustritt. Die Pädagogik der Freiheit befähigt den Menschen somit, den inneren Zusammenhang zu erfassen zwischen der unveräußerlichen Würde der menschlichen Person und ihrem Status als Geschöpf, als begrenztes Wesen[404], das als solches von einer Wahrheit abhängt, die ihm vorausgeht, mit anderen Worten: von Gott.

Diese Wahrheit ist – eben weil sie dem Menschen in seinem tiefsten Inneren eingeprägt bleibt – der menschlichen Erkenntnis zugänglich. Daher stellt Ratzinger den Erzieher vor die Aufgabe, die Wahrheit im Menschen aufzuspüren, indem er in ihm das weckt, was er als „gesunden Menschenverstand" bezeichnet, und ihn so auf jene „Schöpfungsordnung" hin öffnet[405], die ihn auf dem Boden der Tatsachen, das heißt in der Wahrheit stehen lässt. Ein weiteres Mittel, das wir bereits in anderem Zusammenhang erwähnt haben, besteht darin, den Horizont der menschlichen Vernunft zu erweitern, damit diese fähig wird, Wirklichkeiten zu erkennen, die der übernatürlichen Sphäre angehören, und sich dem intellektuellen Reichtum der Menschheit früherer Jahrhunderte zu öffnen.[406] Ferner gilt es, die eigene Unwissenheit – die der Wahrheit stets hinderlich ist – mittels einer angemessenen intellektuellen und moralischen Bildung abzulegen; Ratzinger betont dabei vor allem die Wichtigkeit der moralischen Gewissensbildung.[407] In diesem Zusammenhang müssen die ureigentlichsten Orte der Erziehung zur Freiheit – die Familie, die Schule und die menschlichen Gemeinschaften, unter denen Ratzinger besonders die Kirche hervorhebt – als solche wiederentdeckt werden, wenn wir auf die negativen Folgen, die deren Abwesenheit in der Ge-

---

403 Joseph Ratzinger, Bereitung zum priesterlichen Dienst, Künder des Wortes und Diener eurer Freude, in: JRGS 12, 432-450, 438.

404 Im Schlussteil seines Aufsatzes „Freiheit und Befreiung" vertritt Ratzinger die These, dass es die Annahme und Erkenntnis der eigenen Begrenztheit mit allem, was damit verbunden ist, zu erlernen gilt (vgl. 424; JRGS 10, 581).

405 Gratia praesupponit naturam, 174 und 176.

406 Vgl. Gottes Glanz in unserer Zeit, 125: „Neue Erkenntnis empfangen wir nicht durch Abschließung des Ich; Wahrheit erschließt sich nur im Mitdenken mit dem, was vor uns erkannt worden ist. Die Größe eines Menschen hängt am Maß seiner Teilhabefähigkeit; nur im Kleinwerden, im Sich-Beteiligen am Ganzen, wird er groß."

407 Im Zusammenhang mit seinem Plädoyer für einen angemessenen Gewissensbegriff, durch dessen zweifache Dimension als *anamnesis* und *synderesis* bzw. *conscientia* es möglich wird, die Existenz objektiver, universal gültiger moralischer Wahrheiten mit deren subjektiver Erkenntnis und Applikation durch den Einzelnen zu vereinbaren, übernimmt Ratzinger die scholastische Lehre von der moralischen Pflicht, den Eingebungen des eigenen Gewissens immer dann zu folgen, wenn dieses in rechter Weise gebildet sei (was zugleich die notwendige Bedingung für eine derartige Verpflichtung darstellt). Infolgedessen weist er die Schuld für ein fehlgeleitetes Gewissen „der Verwahrlosung meines Seins" zu, „die mich stumpf gemacht hat für die Stimme der Wahrheit und deren Zuspruch in meinem Innern" (Gewissen und Wahrheit, 58; JRGS 4, 715).

sellschaft hervorruft, in angemessener Weise reagieren wollen.[408] Gerade auf diesen Punkt zielt die eigentliche Bedeutung des griechischen Begriffs παιδεία[409], den das Christentum übernommen hat, im Sinne einer ‚Befreiung' des Menschen aus der eigenen Unwissenheit und Förderung einer ‚eruditio' des Glaubens, die auf die wahre Weisheit hin ausgerichtet ist, das heißt, „die Entrohung [*eruditio*] des Menschen, seine Formung zu Offenheit und Tiefe".[410] Der Ausspruch Christi „die Wahrheit wird euch befreien" (Joh 8, 32), der in seiner letzten Tiefe auf Gott selbst abzielt als die Wahrheit schlechthin, die uns rettet und befreit, lässt sich in der Praxis ebenso auch auf jenen Prozess der Befreiung aus der Knechtschaft der Unwissenheit anwenden, der den Menschen zur Annahme und Erkenntnis der Wahrheit befähigt.[411]

Eben diese Wahrheit erlaubt es uns, wenn sie erkannt und akzeptiert wird, uns selbst und die Mitmenschen anzunehmen und uns dementsprechend in unserem persönlichen und gesellschaftlichen Handeln von Verantwortungsbewusstsein, Respekt und gegenseitiger Kooperation leiten zu lassen. Die Leugnung dieser Wahrheit hingegen verstärkt in uns die Tendenz zum Egoismus, was in letzter Konsequenz zu einem Kreisen um uns selbst führt, in dem wir entweder die anderen nicht mehr wahrnehmen oder sie als bloßes Mittel zum Zweck missbrauchen. Wer nur um sich selber kreist, der wird immer wieder auf Hindernisse stoßen; er kehrt mit seinem Leben der Wahrheit des eigenen Daseins den Rücken und gelangt auf diese Weise nicht zur wahren Freiheit, auch wenn er durchaus ‚freie' Entscheidungen trifft. Erziehung zur Freiheit setzt daher die Erziehung des Willens unabdingbar voraus, der sich für das ‚eigentlich' Gute entscheiden muss, welches – vorausgesetzt der Wille verfügt über das rechte Urteilsvermögen – mit der Wahrheit seiner selbst in Einklang steht. Angesichts des Nebeneinanders verschiedener Güter bedarf der Mensch der Reflexion, um das ‚eigentlich' Gute – das, was dem eigentlich ‚Menschlichen' entspricht – von den Scheingütern zu unterscheiden. Im Zusammenhang mit der menschlichen Liebe etwa kommt Ratzinger hierbei ausdrücklich auf die Notwendigkeit zu sprechen, die wahre Liebe von ihren kurzlebigen ‚Surrogaten' zu unterscheiden.[412]

Die Unterscheidung allein genügt freilich nicht; vonnöten ist außerdem ein starker Wille, der in der Lage ist, eine Option, die sich dem eigenen Ich möglicherweise als attraktiver, einfacher und naheliegender darstellt, zugunsten der als richtig erkannten Option aufzugeben – in dieser Hinsicht betont Ratzinger immer wieder, dass die

---

408 Vgl. Freiheit und Befreiung, 415; JRGS 10, 570. In seinen päpstlichen Lehräußerungen kommt Ratzinger im Zusammenhang mit dem gegenwärtigen Erziehungsnotstand erneut auf diese bevorzugten Orte der Erziehung zu sprechen sowie auf die notwendige Wiederentdeckung ihrer jeweiligen Mission; ihnen fügt er in seiner Enzyklika „Spe salvi" als „Lern- und Übungsorte der Hoffnung" das Gebet, das Tun, das Leiden und das Gericht hinzu (vgl. Benedikt XVI., Ansprache an den Pastoralkongress der Diözese Rom, Lateranbasilika, 9. Juni 2008, und Enzyklika Spe salvi, Nr. 32-48).

409 Vgl. Theologische Prinzipienlehre, 358f.

410 Ebd., 358.

411 Da Gott der Logos ist, der alles durchtränkt, ist er zugleich auch die Quelle der ‚Wahrheit' aller Dinge: „Die Welt ist ‚wahr', insoweit sie Gott, den schöpferischen Sinn, die ewige Vernunft, spiegelt, aus der sie gekommen ist. Und sie wird umso wahrer, je mehr sie sich Gott annähert" (Jesus von Nazareth, Zweiter Teil, 216; JRGS 6, 561).

412 Diese Unterscheidung taucht sehr häufig in Ratzingers Schriften auf, nicht nur in jenen, die er noch als Kardinal verfasst hat (vgl. etwa Salz der Erde/Gott und die Welt, 458), sondern besonders auch in denjenigen, die er als Papst an die Jugendlichen richtet.

Wahrheit bisweilen unbequem ist.[413] Zumal muss der Wille diese Entscheidung nicht nur einmal treffen, sondern jedes Mal, wenn er vor der Wahl steht, so dass ein Ja das andere in einer Art „circulus salutis"[414] der Freiheit bedingt und somit zugleich eine dauerhafte Bindung an das Gute möglich wird. Für Ratzinger ist eine Freiheit, die sich auf nichts festlegen will, sondern aus purer Willkür handelt, keine wahre Freiheit, da sie gerade der Kontinuität im Guten und für das Gute entgegenstünde.[415] So sieht er auch in der Bequemlichkeit, die sich stets dem Einfacheren zuneigt, und so die Wahl des eigentlich Guten, wenn auch Schwierigeren, erschwert, und die sich in ihrer extremsten Form als *acedia*, das heißt als eine Art existenzieller Überdruss gegenüber Gott und dem Guten äußert, ein Hindernis, das im inneren Kampf um die Freiheit überwunden werden muss.[416] Die radikale Option für das Gute und für die Freiheit setzt infolgedessen eine aktive Hinordnung der eigenen Seelenkräfte auf das wahrhaft Menschliche sowie die Überwindung bloßer Willkür und Spontaneität voraus, da „der Mensch nicht zu sich selbst kommt, wenn er sich einfach dem naturhaften Schwergewicht überlässt. Um wahrhaft Mensch zu werden, muss er diesem Schwergewicht entgegentreten".[417] Der hl. Augustinus beschreibt in seiner Abhandlung über die Willensfreiheit die innere Dynamik des menschlichen Willens und die verschiedenen Güter, auf welche dieser sich richten kann, folgendermaßen:

> *„Der Wille also, der dem gemeinsamen und unwandelbaren Gut anhängt, erlangt die ersten und großen Güter des Menschen, wenn er auch selbst nur ein mittleres Gut ist. Aber der Wille, der sich vom unwandelbaren und gemeinsamen Gut abwendet und sich dem privaten Gut, dem Äußeren oder dem Niederen zuwendet, sündigt. Dem Privaten wendet man sich zu, wenn man etwas in der eigenen Macht haben will*[418]*, dem Äußeren, wenn man nach dem Privatbesitz der anderen strebt oder nach Wissen um solches, was einen nicht betrifft, dem Niederen, wenn man die Lust des Körpers liebt. Und so wird der Mensch hochmütig, neugierig und wollüstig durch ein anderes Leben, das im Vergleich mit dem höheren Leben der Tod ist, […].“*[419]

---

413 Beispielsweise in seinen Betrachtungen über das Sakrament der Priesterweihe, in denen er ein ganzes Kapitel der Erziehung in der Wahrheit widmet und dabei darauf hinweist, dass diese in der Regel unbequem ist; andererseits freilich sei sie „die stärkste Führerin zur Selbstlosigkeit, zur wahren Freiheit" (Bereitung zum priesterlichen Dienst, JRGS 12, 437).

414 Auf Christus schauen, 102; JRGS 4, 477.

415 Benedikt XVI. formulierte diesen Gedanken in seiner Ansprache an die christlichen Erzieher in Washington folgendermaßen: „Während wir uns sorgfältig darum bemühten, den Verstand unserer jungen Menschen zu beanspruchen, haben wir vielleicht den Willen vernachlässigt. In der Folge beobachten wir mit Besorgnis, dass der Freiheitsbegriff verzerrt wird. Freiheit ist kein *Aussteigen*. Es ist ein *Einsteigen* – eine Teilhabe am Sein selbst. Daher kann echte Freiheit niemals dadurch erlangt werden, dass man sich von Gott abwendet. Eine solche Entscheidung würde letztlich die eigentliche Wahrheit missachten, die wir brauchen, um uns selbst zu verstehen" (Ansprache beim Treffen mit katholischen Erziehern in der Katholischen Universität Amerikas in Washington, 17. April 2008).

416 Vgl. Auf Christus schauen, 77f.; JRGS 4, 457f., sowie Jesus Christus heute, 69; JRGS 6, 982.

417 Einführung in das Christentum, 317; JRGS 4, 301f.

418 „Suae potestatis vult esse" meint eigentlich: ‚autonom sein wollen' bzw. ‚nicht mehr unter der väterlichen Gewalt stehen wollen'.

419 Augustinus, De libero arbitrio, II, 53, übs. Brachtendorf, 203.

Konsequenzen dieses „anderen Lebens“ sind einerseits schaler Genuss[420], Unzufriedenheit, innere und äußere Zerrissenheit und infolgedessen alles andere als Friede und Freude, welche die Früchte eines Lebens im Einklang mit sich selbst, das heißt mit dem innersten Wesen des eigenen Daseins, darstellen.[421] Andererseits maßt sich ein Mensch, der der Versuchung erliegt, dem Tun Vorrang vor dem Sein beizumessen, eine Macht über andere an, die diese letzten Endes ohne Respekt vor deren Personwürde für die eigenen Interessen instrumentalisiert. Eine solch individualistische, isolierte Freiheit, die nicht gemäß der personalen Wahrheit über den Menschen als Beziehungswesen im Sinne von ‚Mitfreiheit‘ verstanden wird, hat auf allen Ebenen äußerst negative Folgen.

Von der Wahrheit des Menschen her betrachtet, muss eine Pädagogik der Freiheit folglich den ganzen Menschen mit einbeziehen. Die Wahrheit trägt in sich selbst eine Kraft, die denjenigen, welcher sie annimmt, verwandelt, aber dies erfordert auch die Mitwirkung des Menschen. Infolgedessen bedarf der Mensch eines Prozesses der Kultivierung, der Transformation und der Reinigung, um die Hindernisse überwinden zu können, die sich ihm auf diesem Weg entgegenstellen. Der folgende Abschnitt aus einem Vortrag, den Joseph Ratzinger 1982 vor der Katholischen Akademie in Bayern hielt, zeichnet diesen Prozess in seinen Grundlinien nach:

> *„Zugehen auf Wahrheit bedeutet demnach Zucht [d.h. Kultivierung]; wenn sie vom Selbstischen, vom Wahn der Autarkie reinigt, den Menschen gehorsam macht und ihm den Mut der Demut gibt, so heißt dies auch, dass sie die Parodie der Freiheit, die in der Machbarkeit liegt, und die Parodie des Dialogs, die im zuchtlosen Geschwätz liegt, zu durchschauen lehrt, die Verwechslung von Bindungslosigkeit und Freiheit überwindet und so gerade dadurch fruchtbar ist, dass sie absichtslos geliebt wird.“*[422]

Die Parodien der Freiheit und des Dialogs, auf die Ratzinger hier verweist, lassen sich letzten Endes auf die ‚Ichsucht‘ zurückführen, womit es uns nun möglich wird, das Bemühen um die rechte Praxis der Freiheit und um die Befreiung vom eigenen Ich, gemäß der wahren Selbstliebe, als ein und dasselbe zu verstehen. Im Grunde geht es dabei um eine Art ‚kopernikanische Wende‘[423], die uns aus unserer verkehrten Perspektive befreit, in der wir davon ausgehen, dass sich alles nur um uns dreht, als ob wir die Sonne wären, um die alle anderen sich bewegen müssten. Dies verlangt von uns, dass wir lernen, uns selbst aus dem Zentrum zu rücken, um uns stattdessen, gemeinsam mit unseren Mitmenschen und unter den gleichen Bedingungen wie sie,[424] um

420 Vgl. Auf Christus schauen, 73; JRGS 4, 454.
421 Vgl. Theologische Prinzipienlehre, 83.
422 Interpretation – Kontemplation – Aktion, 147.
423 Vgl. Auf Christus schauen, 111; JRGS 4, 483. Die Überwindung dieses Irrtums wird ganz offensichtlich durch den christlichen Glauben möglich. Siehe auch Joseph Ratzinger, Vom Sinn des Christseins: Drei Predigten. München21966, 58.
424 Ratzinger misst einerseits der Erkenntnis der eigenen Begrenztheit hohen Wert bei, andererseits aber auch der Erkenntnis der eigenen personalen Würde. Dies gilt besonders mit Blick auf die Attraktivität fernöstlicher Formen der Spiritualität, die die Person mit deren Eingehen ins Ganze zugleich auflösen wollen. Nach Ratzinger kann die Person nur auf ‚personale‘ Weise ‚frei werden‘ – das heißt durch das Eingehen von Bindungen und Beziehungen –, nicht jedoch auf ‚natürliche‘ und noch viel weniger auf ‚widernatürliche‘ Weise, im Sinne einer falsch verstandenen Befreiung vom Ich (vgl. Interpretation – Kontemplation – Aktion, 152f.).

den eigentlichen Mittelpunkt unseres Daseins zu bewegen, welcher ihm Sinn und Ordnung verleiht – um die Wahrheit, um Gott. Ähnlich wie bei einem kleinen Kind, das im Prozess des Wachstums und des Reifens allmählich sein individualistisches Weltbild zugunsten einer personalen Sicht der Welt ablegt, wandeln sich bei dieser existenziellen Wende auch unsere Beziehungen, indem sie jenen relationalen Charakter annehmen, der in gegenseitiger Verantwortung und Kooperation besteht. Ein Mensch, der sich bislang auf nichts anderes verstanden hat als zu empfangen, ja sogar auf dieses Empfangen angewiesen war, übernimmt auf diese Weise nun selbst Verantwortung als Person und beginnt, ausgehend von dem, was er empfangen hat, seinerseits zu geben, indem er mit seinen Mitmenschen zusammenarbeitet. Dieser schwierige Lernprozess wäre, ähnlich wie die Annahme des heliozentrischen Weltbildes und der Verlust der Vorstellung vom Menschen als Mittelpunkt des Kosmos, undenkbar ohne den Mut zur Wahrheit, das heißt ohne die demütige Erkenntnis der eigenen Geschöpflichkeit. Nur wenn wir die Absolutheit des wahrhaft Absoluten anerkennen, werden wir frei von der ‚Verabsolutierung' des Relativen. Diese Dynamik der Befreiung entspricht gewissermaßen einer Art Bergbesteigung, einem Aufstieg zum Gipfel des Seins. An dieser Stelle erscheint Ratzingers Zusammenfassung des Aufstiegs aus der Hölle in Dantes „Göttlicher Komödie" besonders treffend und suggestiv:

> *„Den Weg der Reinigung, den Weg zu Gott, schildert Dante als Bergbesteigung. Der äußere Weg wird zum Symbol des inneren Weges zur eigentlichen Höhe, zur Höhe Gottes. Das Steigen wird dem erdgebundenen Menschen zunächst unendlich schwer. In der dichterischen Schau Dantes löscht ein Engel nach der ersten Etappe des Weges das Zeichen des Stolzes von der Stirn des Steigenden, und nun überkommt ihn im Weitergehen ein eigenartiges Gefühl: ‚Schon stiegen wir hinan die heilgen Klippen, und war mir, als sei ich um ein Großes leichter worden, denn ich mich auf dem Plan vorher empfunden hatte. So sprach ich: ‚Meister, sag, welch schwere Last hat sich von mir gelöst, dass ich beim Gehen fast keine Mühe mehr empfinde?" (I 12, 115-120). Die Befreiung vom Stolz wird zur Überwindung der Schwere. Unsere Gesinnungen, wie Hochmut, Habsucht, Ehrgeiz und was auch immer an Dunklem und Bösem in unserer Seele wohnt, sind die Bleigewichte, die uns am Aufstieg hindern, die uns unfähig machen zur Höhe. ‚Je reiner der Mensch wird, desto verwandter dem Höheren. Sein Gewicht nimmt ab, seine Steigekraft wächst […] Die Freiheit wächst, sie ist vollkommen, wenn der Wille mit der Forderung eins wird' [R.Guardini, Der Engel in Dantes göttlicher Komödie. Mainz –Paderborn ³1995, S. 48f.]."*[425]

Genau auf diesen Prozess bezieht sich Ratzinger, wenn er an anderer Stelle der Rhetorik der Knechtschaft diejenige der Freiheit gegenüberstellt.[426] Das Leben als Kinder im Haus des Vaters fordert von uns, dass wir diejenigen Gewohnheiten ablegen, die nur den Knechten eigen sind, das heißt denjenigen, die nicht – im Sinne der recht verstandenen Selbstliebe – Herren ihrer selbst sind. Konkret erläutert Ratzinger den

425 Die Kirche an der Schwelle des 3. Jahrtausends, 259f.; JRGS 8, 1254.
426 Vgl. Freiheit und Bindung in der Kirche, JRGS 8, 444.

Zustand der Knechtschaft im Hinblick auf drei fundamentale Bereiche, die sich mit den drei großen Versuchungen Jesu in der Wüste in Verbindung bringen lassen.[427]

Die Habsucht oder das ungeordnete Streben nach Besitz lässt sich mit der Versuchung, Steine in Brot zu verwandeln, gleichsetzen. Der Besitz wird hier zum Maßstab von Sicherheit und Macht. Die Anhänglichkeit an materielle Güter hindert uns am Aufstieg zum wahrhaft Menschlichen, das sich *per se* jenseits des Materiellen befindet; sie hindert uns infolgedessen auch daran, für die Liebe offen zu sein, insofern diese Loslösung erfordert – nicht nur von materiellem Besitz. Eine andere Form solch ungeordneten Besitzstrebens kommt in einer Liebe zum Ausdruck, die weniger nach dem Wohl des Geliebten trachtet als vielmehr danach, von diesem Besitz zu ergreifen. Derartige Anhänglichkeit ist schwerwiegender als jene an materielle Güter, denn allein schon die Absicht, eine Person besitzen zu wollen, birgt in sich deren Reduktion auf bloßes ‚Eigentum' und impliziert in gewisser Weise deren ‚Entpersönlichung'. Solches ist etwa dort der Fall, wo Liebe auf bloße sexuelle Anziehung reduziert wird und sich infolgedessen nur auf den Körper des anderen richtet. Ähnliches geschieht, wenn auch in geringerem Maß, wo immer menschliche Arbeit zur bloßen Ware verkommt, die sich gegen Geld kaufen und verkaufen lässt. Eine so verstandene Arbeit kann niemals befreiend sein, weder für den Arbeitnehmer noch für den Arbeitgeber. Der Knechtschaft des bloßen Habens stehen der Reichtum und die Tiefe des Seins desjenigen gegenüber, der in innerer Freiheit lebt – einer Freiheit, wie sie Ratzinger von der Kirche verlangt.[428]

Eine weitere Fessel, die uns an die alte Rhetorik der Knechtschaft bindet, ist die sklavische Abhängigkeit vom Lob und der Schmeichelei anderer. Dies wird exemplarisch deutlich in der zweiten Versuchung Jesu, Gott auf die Probe zu stellen, so dass er außergewöhnliche Dinge vollbringt, die bei allen auf Beifall stoßen. Ihr gegenüber steht die freie Unterwerfung unter den Maßstab der Wahrheit: „Der Mensch", klagt Ratzinger in einer seiner Schriften, „fürchtet den nahen Schein der menschlichen Meinungsmacht mehr als das ferne und gewaltlose Licht der Wahrheit. So beugt er sich der Meinungsmacht."[429] Die öffentliche Meinung kann zweifellos eine sehr starke Fessel sein, die uns daran hindert, die Wahrheit zu leben und zu verkünden, denn wer nur sich selbst im Blick hat – ständig „Werbung für sich selbst"[430] macht –, kann die Wahrheit, die ihn übersteigt, nicht mehr wahrnehmen. Die Meinung anderer zur Basis des eigenen Selbstwertgefühls zu erheben, führt nicht nur zu großen inneren Leiden – da ja die öffentliche Meinung stets wankelmütig ist und ihre Maßstäbe und ihr Verhalten unablässig ändert –, sondern es zeugt auch von großer persönlicher Unreife. Der freie Mensch hingegen misst der öffentlichen Meinung den Stellenwert bei, der ihr in Wirklichkeit zukommt, indem er ihr die Wahrheit entgegenstellt, in welcher er den wahren Maßstab seines Urteilens und Handelns erkennt. Er muss keine auffälligen Leistungen vollbringen und stellt Gott weder auf die Probe, noch fordert er von ihm Beweise, denn er versteht es, seinen wahren

427 Vgl. Ratzingers Kommentar dazu in Jesus von Nazareth, Erster Teil, 53-74; JRGS 6, 158-173.

428 Vgl. ebd., 107; JRGS 6, 196f. Es besteht freilich ein radikaler Unterschied zwischen dieser recht verstandenen Loslösung, die der inneren Freiheit entspricht, und dem natürlichen Abscheu, sowohl in Bezug auf die materiellen als auch auf die geistigen Güter. Die Vermischung dieser beiden Ebenen hat, so Ratzinger, in der Vergangenheit zu falsch verstandenen Ausdrucksformen des Glaubens in Bezug auf die eigene Person und den eigenen Körper geführt (vgl. Theologische Prinzipienlehre, 82f. und 389).

429 Auf Christus schauen, 86; JRGS 4, 464.

430 Freiheit und Bindung in der Kirche, JRGS 8, 444.

Wert als Person in scheinbar belanglosen Dingen zu entdecken, die jedoch aus Liebe und gemäß der Wahrheit getan werden – aus Sicht des Glaubens müssten wir formulieren: gemäß dem Willen Gottes. Die sklavische Abhängigkeit von der öffentlichen Meinung steht infolgedessen einer Haltung der Wahrhaftigkeit, der Aufrichtigkeit und der Gerechtigkeit diametral entgegen, welche die wahren Grundlagen einer gesellschaftlichen Ethik[431] darstellen, da sie nötigenfalls auch dazu bereit sind, sich der Meinung der Mehrheit entgegenzustellen, sollte sich diese nicht mit der Wahrheit vereinbaren lassen.

Das Streben nach Ruhm und Ehre, ja gewissermaßen danach, selbst angebetet zu werden, dem die dritte der Versuchungen Jesu, die Versuchung nach absoluter Macht, entspricht, stellt eine noch radikalere Form der zweiten Fessel dar. Ratzinger sieht darin eine „Herrschaft des Scheins"[432], die das Sein und die Wirklichkeit, das heißt die Wahrheit – Gott – unterdrückt: „Die Furcht vor dem Erscheinenden wird zur Universalmacht und lähmt den Mut der Wahrheit."[433] In der Tat erkennt Ratzinger im Mangel an Wahrheit eine der ‚Krankheiten' des modernen Menschen.[434] Wenn die Wahrheit nicht mehr herrscht, dann ist das Feld frei für die Lüge und die Folge davon ist, dass kein Platz mehr bleibt für die Liebe der Ekstase, des Heraustretens aus sich selbst, um sich an den anderen zu verschenken. Im Falle Jesu nimmt diese Lüge die Gestalt eines Messianismus an, der das Kreuz aus dem Blickfeld verdrängen will, um sich selbst zu verherrlichen und auf diese Weise den Willen des Vaters beiseitezuschieben; konkret stehen sich diese beiden unterschiedlichen Messianismen vor Pilatus in der demütigen Gestalt Jesu und in Barabbas gegenüber, der für ein rein politisches Reich kämpft.[435] Der falsche Messianismus besteht heute in der Behauptung, Heil, Wohlfahrt oder andere menschliche Ziele ließen sich ohne das Bemühen um die Überschreitung des eigenen Ichs, ohne persönlichen Exodus, erreichen. Die Abwesenheit von Transzendenz jedoch macht, um es noch einmal zu sagen, die Liebe, und infolgedessen den Erwerb von Freiheit, ganz und gar unmöglich. Jede Verheißung einer freien und idealen Welt, die ohne Anstrengung erreicht werden soll, oder eines Lebens ohne jegliches Leid und ohne jegliche Mühe erscheint somit als Utopie, die zur Wahrheit über den Menschen und seiner existenziellen Begrenztheit im Widerspruch steht.[436]

Von dreierlei Fesseln gilt es folglich frei zu werden: vom Reichtum, vom Gebundensein an die Meinung anderer und von der Überheblichkeit. Ignatius von Loyola entwickelt einen treffenden Kommentar zu eben diesen drei Versuchungen in der Betrachtung über die zwei Banner in seinen „Geistlichen Exerzitien".[437] Im Hinter-

431 Vgl. Jesus von Nazareth, Erster Teil, 125; JRGS 6, 210.

432 Freiheit und Bindung in der Kirche, JRGS 8, 444.

433 Auf Christus schauen, 87; JRGS 4, 464.

434 Vgl. Bereitung zum priesterlichen Dienst, JRGS 12, 438, wo Ratzinger weiter ausführt: „Ich stehe nicht an zu behaupten, dass die große Krankheit unserer Zeit ihre Armut an Wahrheit ist. Der Erfolg, die Wirkung hat ihr überall den Rang abgelaufen. Nur scheinbar ist der Verzicht auf Wahrheit und die Flucht in die Gruppenkonformität ein Weg zum Frieden."

435 Vgl. Jesus von Nazareth, Zweiter Teil, 69; JRGS 6, 756.

436 Hierauf spielt Ratzinger im Zusammenhang mit seiner Kritik an der Utopie des Marxismus an, indem er feststellt, da der Mensch frei sei, könne es keinen „endgültigen Zustand innerhalb der Geschichte" geben (Freiheit und Befreiung, 422; JRGS 10, 578).

437 Vgl. Ignatius von Loyola, Geistliche Übungen, übs. Peter Knauer SJ, Würzburg: 1998, 73-76 (Nr. 136-147). Dem Herrscher dieser Welt bzw. Versucher mit seinen drei Kennzeichen, „der Begierde nach Reichtümern", „eitler Ehre der Welt" und „gesteigertem Hochmut", stellt Ignatius dort den ewigen König bzw. den Heiland mit seinen drei Kennzeichen, geistlicher oder aktualer Armut, Schmähungen und Demut, gegenüber.

grund steht hier der Gegensatz zwischen der Anbetung eines falschen Gottes – der Vergötzung des eigenen Ichs, des Besitzes, der öffentlichen Meinung – und dem wahren Gott; zwischen dem Stolz der Anarchie, die sich auf nichts festlegen lassen will, und der Bindung an die Wahrheit. Gott in das Zentrum des eigenen Lebens zu stellen bedeutet zugleich, all diese ‚Usurpatoren' von ihrem Platz zu verdrängen und den drei oben beschriebenen Formen der Knechtschaft – Habgier, äußerem Schein und Ehrsucht – ihre Macht zu nehmen.[438] Nur eine Freiheit in und für die Wahrheit macht es uns also möglich, uns selbst wahrhaft zu besitzen, so, wie wir wahrhaft sind. – Darin besteht die Demut, wohingegen die Lüge nur Sklaven hervorbringt.

Die Pädagogik der Freiheit muss folglich „durch ein sinnvolles Gewebe von Bindungen für die Freiheit"[439], das erst mittels einer gesunden „Befreiung des Selbst"[440] möglich wird, den Menschen zur wahren Annahme seiner selbst in der Wahrheit führen. In diesem Zusammenhang bekräftigt Ratzinger ausdrücklich, dass die „Philosophie der Freiheit und der Liebe [...] zugleich Philosophie der Bekehrung, des Heraustretens aus sich, der Umwandlung"[441] ist und infolgedessen die Bekehrung eine fundamentale Rolle im Hinblick auf die Befreiung des Menschen spielt.[442] ‚Bekehrung' wird hier verstanden im Sinne einer Rückkehr zur essenziellen Wahrheit des Menschseins, eines Sterbens, um von neuem geboren zu werden. In Übereinstimmung mit den Erkenntnissen der modernen Psychologie[443] erfordert die von Ratzinger wahrgenommene Notwendigkeit der erneuten Selbstfindung des Menschen einen Prozess der Sammlung, eine Rückkehr zu sich selbst aus der „Hypertrophie des äußeren Menschen"[444], der sich allzu sehr im Sinnlichen verliert und damit die für sein inneres Leben notwendigen Kräfte vergeudet. Dieses Sich-Vertiefen in die eigene Innerlichkeit muss freilich so vor sich gehen, dass der Mensch dabei über den Tellerrand des ‚verdorbenen' Ichs blickt – also alles, was unmenschlich und egoistisch an ihm ist, hinter sich lässt –, um so sein wahres personales Ich zu entdecken als „Ort der tiefsten Selbstüberschreitung und des Berührtseins von dem [...], woher ich komme und wohin ich gehe"[445], das heißt die göttliche Spur im Menschen, die ihn erst eigentlich zu dem macht, was er ist.

Aus diesem Grund impliziert Bekehrung eine zweifache Bewegung: einerseits das Heraustreten aus sich selbst und das Ablegen des eigenen Stolzes, was freilich andererseits zugleich auch die Begegnung mit dem innersten Kern des eigenen Selbst bedeutet. Diese Begegnung verweist uns schließlich unwillkürlich auf unsere Mitmenschen als ‚Mitglieder' ein und derselben Familie. Daher führt die Entdeckung Gottes als Mittelpunkt des eigenen Lebens notwendigerweise auch zur Entdeckung der Mitmenschen als derjenigen, die ebenfalls Anteil haben am selben

438 Dies bekräftigt Ratzinger ausdrücklich in seinem Buch „Auf Christus schauen": „Die Erlösung, die der Logos, das menschgewordene Wort Gottes, anbietet, ist ihrem Wesen nach Befreiung von der Sklaverei des Scheins, Heimkehr zur Wahrheit. Aber der Übergang vom Erscheinenden zum Licht der Wahrheit geschieht in der Gestalt des Kreuzes" (87; JRGS 4, 464).

439 Freiheit und Bindung in der Kirche, JRGS 8, 445.

440 Einführung in das Christentum, 91; JRGS 4, 105.

441 Theologische Prinzipienlehre, 179.

442 Vgl. besonders die äußerst interessanten Überlegungen Ratzingers über die Bekehrung in: ebd., 57-69.

443 Vgl. ebd., 59-61.

444 Glaube zwischen Vernunft und Gefühl, 129.

445 Gewissen und Wahrheit, 52; JRGS 4, 711.

Leben, das Gott uns schenkt; und sie veranlasst uns dazu, unsere Mitmenschen ihrer vollen Würde nach zu lieben.[446] Wer nicht die Freiheit besitzt, eine Person so zu lieben, wie diese es wahrhaft verdient, könnten wir umgekehrt folgern, der ist nicht wirklich frei.

Eine derartige Bekehrung ist nicht die Frucht eines Augenblicks, noch ist sie Folge eines intensiven Gefühls der Liebe; sie ist auch nicht das Werk eines Tages, ja nicht einmal eines Jahres, sondern eine Aufgabe für das ganze Leben. Solange der Mensch Mensch bleibt, bestehen in ihm zwei Gravitationskräfte nebeneinander, die Kraft des Eigeninteresses und die Kraft der Liebe und Wahrheit. Deshalb muss der Mensch unaufhörlich in die Wahrheit eintauchen[447], das heißt, er muss sich beständig mit ihr konfrontieren lassen, sich ein ums andere Mal ihrer reinigenden Kraft unterwerfen und sich von innerem Schmutz befreien, der ihn von Gott, der Wahrheit und von sich selber fernhält. Daher kommt es, dass Ratzinger wiederholt vom Leben als einem Weg spricht, den es zu beschreiten gilt, und von der Notwendigkeit der geduldigen Einübung in eine Haltung der Selbstlosigkeit. Freiheit – Agape – „verlangt Einübung, Geduld und auch das In-Kauf-Nehmen von immer neuen Rückschlägen" und „setzt zum anderen auch Übung voraus".[448] Dieses Erlernen der Liebe ist freilich auch niemals ein Weg, den wir nur alleine gehen, denn sowohl das selbstlose Sich-Verschenken als auch das Empfangen lernen wir nur von anderen und mit anderen, besonders denjenigen, die uns am nächsten stehen[449], von Eltern und Freunden, aber auch von denjenigen, die ihre Menschlichkeit in höchstem Maße entfaltet haben; das gilt vor allem für die Heiligen. Zu guter Letzt ist das Erlernen der Liebe ein Weg, den es im ganz normalen Alltag zu beschreiten gilt, in den Kleinigkeiten eines jeden Tages, in denen wir Gott, uns selbst und unsere Mitmenschen entdecken können.[450]

Erneut zieht Ratzinger im Zusammenhang mit diesem Gedanken das Leben des hl. Augustinus als Beispiel für einen solch permanenten Bekehrungsprozess heran.[451] Der radikale Schritt, der ihn zur Taufe führte, sollte für Augustinus nur eine erste Etappe auf dem Weg der Bekehrung markieren, das Ende seiner unermüdlichen Suche nach der Wahrheit, durch die seine Jugendjahre geprägt waren. Nichtsdestoweniger – und ganz im Gegensatz zu seinen eigenen Erwartungen – galt es für ihn, nachdem er als Neugetaufter eine Zeit lang ein Leben des Gebetes und des gemeinsamen Austauschs im Kreis seiner engsten Freunde geführt hatte, noch etwas Weiteres Wesentliches zu entdecken; er musste, ungeachtet des Schmerzes, den es ihn kos-

446 Es besteht also zwischen Menschlichem und Göttlichem eine Kontinuität, die der Mensch wahrnehmen kann.
447 Vgl. Jesus von Nazareth, Zweiter Teil, 76; JRGS 6, 463f.
448 Auf Christus schauen, 102; JRGS 4, 477.
449 Vgl. Salz der Erde/Gott und die Welt, 459f.
450 Vgl. etwa Joseph Ratzinger, Wie wird die Kirche im Jahre 2000 aussehen?, in: JRGS 8, 1166: „Selbstlosigkeit, die den Menschen frei macht, wird nur erreicht in der Geduld der täglichen kleinen Verzichte auf sich selbst. In dieser täglichen Passion, die den Menschen erst erfahren lässt, wie vielfach sein eigenes Ich ihn bindet, in dieser täglichen Passion und nur in ihr wird der Mensch Stück um Stück geöffnet."
451 Vgl. Berührt vom Unsichtbaren, 335. Siehe auch Benedikt XVI., Ansprache beim Besuch des Römischen Priesterseminars anlässlich des Festes der „Gottesmutter vom Vertrauen", 17. Februar 2007, sowie Benedikt XVI., Predigt bei der Eucharistiefeier in Pavia, 22. April 2007.

ten sollte, einen weiteren Schritt gehen, den Schritt seiner zweiten Bekehrung.[452] Bei seiner Ernennung zum Bischof von Hippo im Jahr 391 n. Chr. musste Augustinus lernen, dass die Fülle der Liebe Gottes nicht in sich verschlossen bleiben kann, sondern dass sie sich unwillkürlich an andere mitteilt und somit zum Dienst an den Mitmenschen wird. Seine geliebte Einsamkeit musste er opfern, um den Menschen das bringen zu können, was er selbst empfangen hatte. In seinem persönlichen Lernprozess der Freiheit begriff Augustinus, dass die reif gewordene Liebe ihn dazu drängte, sich die Sorgen und Nöte der Menschen zu eigen zu machen, seine großen menschlichen Begabungen in ihren Dienst zu stellen und ihnen seine Zeit und seine Kräfte zur Verfügung zu stellen. Er verstand, dass er seine eigene Freiheit gemäß jener äußerst anspruchsvollen Wahrheit gebrauchen musste, die uns in gegenseitiger Abhängigkeit und in tiefer innerer Einheit mit unserem Nächsten leben lehrt. Nach dem Empfang der Priesterweihe, die seiner Bischofsweihe vorausging, vergoss er im Stillen Tränen über die vollständige Opfergabe seines eigenen Ichs, die die Verantwortung, die er auf sich nehmen musste, von ihm verlangte. Das Ergebnis dieser Hingabe war jedoch ein erfülltes und glückliches Leben, wenn auch inmitten von Opfern und Mühen, im beständigen Heraustreten aus sich selbst, in der Liebe, die ihn drängte.

Allein die „immerwährende Reinigung auf Wahrheit hin“[453], wie sie die Pädagogik der Freiheit von uns verlangt, ermöglicht die Verwirklichung der höchsten Form gesellschaftlicher Ordnung, sowohl im Hinblick auf den Einzelnen als auch im Hinblick auf die Institutionen; sie erscheint somit als unabdingbare Voraussetzung einer gerechten Gesellschaft. Das Erlernen dieses „sinnvolle[n] Gewebe[s] von Bindungen für die Freiheit“[454] ist in der Tat die unerlässliche Bedingung für die Koexistenz unterschiedlicher Freiheiten in einer Gemeinschaft mit personalem Charakter, das heißt für die ‚Communio‘. Nur wenn der Mensch in sich das Unmenschliche und das ‚Barbarische‘ seiner ‚zweiten Natur‘ überwindet, kann er mithilfe der übernatürlichen Gnade seiner eigenen Erfüllung und Vollendung entgegengehen, die darin besteht, zu lieben und geliebt zu werden, sich hinzugeben und zu empfangen:

> *„Das reine Herz ist das liebende Herz, das sich in die Gemeinschaft des Dienens und des Gehorsams mit Jesus Christus begibt. Die Liebe ist das Feuer, das Verstand, Willen, Gefühl reinigt und einigt, den Menschen eins mit sich selbst macht, indem es ihn eins macht von Gott her, sodass er Diener der Vereinigung der Getrennten wird […].“*[455]

452 Benedikt der XVI. beschreibt diesen zweiten Schritt folgendermaßen: „Dies war die zweite und immer neu zu erringende Bekehrung dieses ringenden und leidenden Menschen: Immer neu für alle da sein und nicht für die eigene Vollkommenheit, immer neu mit Christus sein Leben weggeben, damit andere Ihn, das wahre Leben, finden konnten.“ Benedikt XVI., Predigt bei der Eucharistiefeier in Pavia, 22. April 2007.

453 Freiheit und Wahrheit, 202f.

454 Freiheit und Bindung in der Kirche, JRGS 8, 445.

455 Jesus von Nazareth, Erster Teil, 126; JRGS 6, 211.

5 Conclusio

Die Freiheit, in ihrer Eigenschaft als Manifestation der geistigen Natur des Menschen, ist eine mächtige Waffe, die uns das Tor zur Liebe oder zum Hass, zum Glück oder zum Unglück auftun kann. In seiner Auseinandersetzung mit den verschiedenen Ideologien, die die Freiheit des Menschen leugnen, bedient sich Ratzinger eben dieser ‚Probe' der beiden Tore. Als Fähigkeit zur vernunftgeleiteten Selbstbestimmung ist die Freiheit zugleich Auftrag und Risiko. Sie ist ein Auftrag, der uns zusammen mit unserem Dasein gegeben wird, der unser ganzes Leben in Anspruch nimmt und der, in einer Reihe persönlicher Entscheidungen, von den menschlichen Vermögen und vom Menschen als Ganzem die zunehmende Überschreitung seiner selbst verlangt; ein Auftrag, den wir nicht isoliert voneinander erfüllen können, sondern der die Mitwirkung der übrigen Menschen erfordert. Dies geschieht mittels einer besonderen Beziehung der Kooperation, in der wir durch die Annahme des anderen so, wie dieser ist, zugleich auch uns selbst annehmen. Da dieser Auftrag folglich durch die fundamentale Wahrheit der Relationalität des Menschen wesenhaft geprägt wird, ist er allen Menschen gemeinsam und muss von allen gemeinsam, in ‚Communio', getragen werden.

Die Freiheit ist aber zugleich auch ein Risiko. Sie enthält in sich das Risiko, ein falsches Ziel zu verfolgen und somit den Sinn des Lebens zu verfehlen, auch wenn dies bisweilen den Anschein des Guten und des Erfolgs erwecken mag. Die Tatsache, dass dieses Risiko existiert, darf uns freilich nicht davon abhalten, die Freiheit in ihrer ganzen Fülle zu erstreben, denn sie verliert dadurch nichts an ihrem Wert. Zu ihrer Größe gelangen kann sie nur, wenn sie jene Mauer überwindet, mittels derer sie in sich selbst verschlossen bleibt; wenn sie aus sich heraustritt im Streben nach dem Guten, dessen höchster Ausdruck das Gute in Person, der personale Gott selbst, ist; und wenn sie schließlich diesem Gut ähnlich wird, das höher steht als sie selbst und sie übersteigt. Auf dieses höhere, transzendente Gut zu verzichten würde bedeuten, die menschliche Freiheit dazu zu verurteilen, dass sie sich nicht in der Weise verwirklichen kann, wie sie es eigentlich sollte; dazu, dass sie sich in sich selbst verschließt, indem sie die Möglichkeit, zu wählen – ohne jede Rücksicht auf das Objekt der Wahl – zum letzten Ziel ihrer selbst erhebt; oder aber dazu, dass sie sich unterhalb ihrer Möglichkeiten bewegt, indem sie sich für Güter entscheidet, die auf niedrigerer oder gleicher Stufe stehen als sie selbst.[456] Infolgedessen erscheint die von Ratzinger vorgeschlagene Pädagogik der Freiheit, die sich, entsprechend ihrer christlichen Grundlage, weitgehend mit den oben dargestellten Wegen der Bekehrung deckt, nicht nur als ein Gebot der Vernunft, sondern sogar der Notwendigkeit.

Das Ziel des Auftrags der menschlichen Freiheit ist die Erlangung dessen, was für den Menschen das größte Glück bedeutet: lieben und geliebt zu werden. Von der Wahrheit des Menschen her betrachtet, die sich bei Ratzinger niederschlägt in den beiden großen Prinzipien der Selbstüberschreitung (bzw. der Annahme des inneren Kampfes zwischen der natürlichen Synergie hin zur Einheit und ihrem Gegenteil) und des allmählichen Erlernens von Respekt und Offenheit gegenüber den Mitmenschen (die es entsprechend auch zu vermitteln gilt), ist die Freiheit die unabdingbare Voraussetzung, um zu einer personalen Liebe gelangen zu können, welche als solche nur eine Liebe der Ekstase sein kann. Noch einmal kann uns Thomas von Aquin an dieser Stelle wertvolle Einsichten vermitteln: In seinem Kommentar zur Nikomachischen Ethik nennt er als typische Wirkungen der Freundesliebe Wohlwollen, Wohltätigkeit und Eintracht.[457] Indem wir den anderen wie uns selbst lieben, wünschen wir nicht nur, dass es ihn gibt und dass ihm Gutes widerfährt, sondern derartige Wünsche schlagen sich, wenn sie einer wahren und tatkräftigen Liebe entspringen, konkret darin nieder, dass wir dem anderen Gutes tun und seinen Willen, seine Interessen, seinen Geschmack, seine Leiden und Freuden teilen, ganz so, als ob wir ein Herz und eine Seele wären. Wohlwollen, Wohltätigkeit und Eintracht übertragen die eigene Freiheit auf den anderen und sein Wohl; durch sie entsprechen wir nicht nur unserem wesenhaften Ziel der Selbstüberschreitung und des Heraustretens aus uns selbst, sondern wir gelangen durch diese Art der Gemeinschaft auch erst zum eigentlichen ‚Personsein'. Daher kommt es, dass die menschliche Freiheit der Bindung bedarf, der Verpflichtung gegenüber dem Wohl des anderen Ichs, die uns von der Willkür und Spontaneität des rein sinnlichen Begehrens befreit, das nicht immer mit dem Guten in Einklang steht. Nur so befinden wir uns, ungeachtet der falschen Ratschläge des liberalen Individualismus, auf dem Weg unserer wahren Menschwerdung und Erfüllung, der uns den Sinn des Lebens und das Glück erschließt. Eine Freiheit hingegen, die in sich selbst verschlossen bleibt oder sich auf untergeordnete Güter richtet, hat, da sie ihr eigentliches Ziel verfehlt, anstelle von innerer, gesellschaftlicher und zwischenmenschlicher Einheit nur Zwietracht und Widerstand gegenüber der Liebe zur Folge.

Alles, was dazu beiträgt, unsere „ontologische Brüderlichkeit"[458] zu stärken, die uns durch unser Personsein mit unseren Mitmenschen verbindet und füreinander verantwortlich macht, wird uns auch jenem Ideal näherbringen, das darin besteht, als Kinder im Hause ein und desselben Vaters zu leben, nicht, indem wir überei-

456 Die spanischen Philosophen Ricardo Yepes und Javier Aranguren bemerken im Zusammenhang mit ihrer Reflexion zu einer der fünf Schwächen, die ein philosophisches Modell aufweist, welches die Willensfreiheit ohne jeden Bezug zur Wahrheit als höchsten Wert betrachtet, dass eine Freiheit, die auf bloße Spontaneität reduziert wird, letzten Endes nichts anderes sei als „die theoretische Absegnung des Egoismus: Ein jeder beschränkt sich auf seine eigenen Probleme" (R. Yepes u. J. Aranguren, Fundamentos de antropología: Un ideal de la excelencia humana, Pamplona: [3]1998, 126, Eigenübersetzung).

457 Vgl. Thomas de Aquino, Sententia libri Ethicorum, IX, 4, 1166 a1-a6, Opera omnia, Bd. 42/2, Romae ad Sanct. Sabinae: 1969, S. 512f.

458 Die anthropologischen Grundlagen der Bruderliebe, JRGS 8, 114.

nander herrschen, sondern indem wir einander dienen. „[D]ie Freiheit des Menschen ist immer geteilte Freiheit. Sie muss miteinander getragen werden und verlangt von daher das Dienen.“[459] Freiheit ‚von‘, ‚für‘ und ‚mit‘ sind Schlüsselbegriffe für das Verständnis von Ratzingers Werk, denn sie verweisen auf die Wahrheit des Menschen, auf seine anthropologische Basis. In der Tat: Wir empfangen unsere Freiheit von anderen, an erster Stelle von dem Anderen schlechthin; und zu ihnen stehen wir infolgedessen in einem Verhältnis der wechselseitigen Dependenz und Kooperation. Aber nicht einmal dieses Verhältnis ist Selbstzweck, sondern es ist uns gegeben als Mittel ‚für‘ das Wohl des anderen, das wiederum notwendigerweise auf unser eigenes Wohl zurückwirkt. Nur wer aus sich selbst heraustritt, kann sich selbst finden. Und genau aus diesem Grund ist unsere Freiheit wesenhaft eine Freiheit ‚mit‘ anderen. Die Analyse von Ratzingers Ontologie der Freiheit hat dieses Charakteristikum der menschlichen Freiheit mehr als deutlich gezeigt. Zu ihrer höchsten Erfüllung gelangt die Freiheit in der Willensgemeinschaft ‚mit‘ dem höchsten Gut, Gott selbst, welche nur auf personale Weise zustande kommen kann, das heißt durch freie Selbsthingabe in der Übereinstimmung der Liebe. Nur so lässt sich auch die Gegenwart des Opfers – des Kreuzes – in der Erfahrung der Liebe verstehen. Opfer bedeutet, aus sich selbst herauszutreten, sich auf den Weg ins gelobte Land der Freiheit zu begeben, wo Gott die Ehre gegeben wird, die ihm gebührt.

Diejenige Freiheit, die den Traum des Menschen zu sein „wie Gott“, tatsächlich verwirklicht, ist nicht eine Freiheit, die sich in völliger Autarkie verschließt, sondern eine Freiheit, die die ‚Communio‘ erstrebt, weil gerade in ihr die eigentliche Berufung des Menschen zu ihrer höchsten Fülle gelangt. Der Mensch ist von seinem Wesen her dazu bestimmt, Kind Gottes, Herr seiner selbst, Hausbesitzer zu sein, der aufgrund dessen für all jene Verantwortung trägt, die mit ihm im selben Hause wohnen.[460] Die Berufung zum Leben im Haus des Vaters zurückzuweisen hieße, den Menschen selbst und sein tiefstes Sehnen zu verfehlen; die Konsequenzen solcher Zurückweisung aber sind Überdruss, Leiden, Krieg, die Herrschaft des Stärkeren und infolgedessen soziale Ungerechtigkeit – kurz: die Hölle. Allein eine Freiheit, deren Gebrauch sich von der Wahrheit her und für die Wahrheit vollzieht, ist daher wahrhaft menschliche Freiheit.

459 Salz der Erde/Gott und die Welt, 85.

460 Benedikt XVI. hat an diesen Gedanken in seiner Botschaft zur Fastenzeit 2012 erinnert, in der er unter dem Motto „Lasst uns aufeinander achten und uns zur Liebe und zu guten Taten anspornen“ (Hebr 10,24) auf die gegenseitige Verantwortung aller Menschen füreinander verwies. Fast wörtlich finden sich hier dieselben Gedanken wieder, wie wir sie bereits im Werk des Theologen Ratzingers entdecken konnten: „Das große Gebot der Nächstenliebe verlangt und drängt dazu, sich der eigenen Verantwortung gegenüber dem bewusst zu sein, der wie ich Geschöpf und Kind Gottes ist: Die Tatsache, dass wir als Menschen und vielfach auch im Glauben Brüder und Schwestern sind, muss dazu führen, dass wir im Mitmenschen ein wahres *Alter Ego* erkennen, das vom Herrn unendlich geliebt wird. Pflegen wir diesen brüderlichen Blick, so werden Solidarität und Gerechtigkeit wie auch Barmherzigkeit und Mitgefühl ganz natürlich aus unserem Herzen hervorströmen. [...] Was aber verhindert diesen menschlichen und liebenden Blick auf die Brüder und Schwestern? Häufig sind es materieller Reichtum und Übersättigung, aber auch der Vorrang, der persönlichen Interessen und Sorgen gegenüber allem anderen gegeben wird. [...] Dieses ‚Behüten‘ der anderen steht im Gegensatz zu einer Geisteshaltung, die, weil sie das Leben auf die rein weltliche Dimension beschränkt, dieses nicht unter einem eschatologischen Gesichtspunkt betrachtet und im Namen der individuellen Freiheit jede beliebige moralische Entscheidung akzeptiert. [...] Hier berühren wir einen besonders tiefgreifenden Aspekt der Gemeinschaft: Unser Leben steht in einer wechselseitigen Beziehung zu dem der anderen, im Guten wie im Bösen; sowohl die Sünde als auch die Liebeswerke haben auch eine gesellschaftliche Dimension.“

Anhang

Bibliografie

Schriften von Joseph Ratzinger/Benedikt XVI.

N.B.: Sämtliche Dokumente des päpstlichen Lehramts, inklusive der Enzykliken, wurden nach der auf http://www.vatican.va veröffentlichten Fassung zitiert, wobei zugunsten der Einheitlichkeit bisweilen lediglich die Rechtschreibung korrigiert bzw. an neueste Konventionen angeglichen wurde. Letzteres gilt auch für Zitate aus gedruckten Quellen.

Offenbarungsverständnis und Geschichtstheologie Bonaventuras, München 1959; JRGS 2, 53–662.

Theologia perennis? Über Zeitgemäßheit und Zeitlosigkeit der Theologie, in: WuW 15 (1960) 179–188.

Vom Sinn des Christseins. Drei Predigten, München [2]1966; JRGS 4, 363–395.

Was ist der Mensch? (1966/69), in: MIPB 1 (2008) 28–49.

Das Menschenbild des Konzils in seiner Bedeutung für die Bildung, in: Christliche Erziehung nach dem Konzil, herausgegeben vom Kulturbeirat beim Zentralkomitee der deutschen Katholiken, Köln 1967, 33–65; JRGS 7, 863–886.

Einführung in das Christentum: Vorlesungen über das Apostolische Glaubensbekenntnis, München 1968. 2000; JRGS 4, 29–322.

Kein Heil außerhalb der Kirche?, in: Das neue Volk Gottes, Düsseldorf 1969; JRGS 8, 1051–1077.

Das neue Volk Gottes. Entwürfe zur Ekklesiologie, Düsseldorf 1969.

Wie wird die Kirche im Jahre 2000 aussehen?, in: Glaube und Zukunft, München 1970, 107–125. 130f.; JRGS 8, 1159–1168.

Gratia praesupponit naturam, in: Dogma und Verkündigung, München 1973. Neudruck: Donauwörth [4]2005, 157–177.

Die anthropologischen Grundlagen der Bruderliebe, in: Dogma und Verkündigung, München 1973, 239–253; JRGS 8, 105–119.

Die Hoffnung des Senfkorns. Betrachtungen zu den zwölf Monaten des Jahres, Meitingen/Freising [3]1978; JRGS 4, 884–900.

Theologische Prinzipienlehre. Bausteine zur Fundamentaltheologie, München 1982. Neudruck: Donauwörth 2005.

Glaube und Erfahrung, in: Theologische Prinzipienlehre. Bausteine zur Fundamentaltheologie, München 1982. Neudruck: Donauwörth 2005, 363–370.

Interpretation – Kontemplation – Aktion, in: IKaZ Communio 12 (1983) 167–179; wieder aufgenommen in: Grundsatz-Reden aus fünf Jahrzehnten, herausgegeben von Florian Schuller, Regensburg 2005, 139–156.

Von der Liturgie zur Christologie: Romano Guardinis theologischer Grundsatz und seine Aussagekraft (Vortrag anlässlich des 100. Geburtstags von Romano Guardini vor der Katholischen Akademie in Bayern 1985), in: Grundsatz-Reden aus fünf Jahrzehnten, herausgegeben von Florian Schuller, Regensburg 2005, 183–200; JRGS 6, 719–741.

Freiheit und Befreiung. Die anthropologische Vision der Instriktion „Libertatis conscientia", in: IKaZ Communio 15 (1986) 409–424; JRGS 10, 562–581.

Freiheit und Bindung in der Kirche, in: Kirche, Ökumene und Politik, Einsiedeln 1987, 165–182; JRGS 8, 428–447.

Auf Christus schauen. Einübung in Glaube, Hoffnung, Liebe. Freiburg 1989; JRGS 4, 403–485.

Schauen auf den Durchbohrten. Versuche zu einer spirituellen Christologie, Einsiedeln [2]1990.

Jesus Christus heute, in: IKaZ Communio 19 (1990) 56–70; JRGS 6, 966–988.

Gewissen und Wahrheit, in: Wahrheit, Werte, Macht. Prüfsteine der pluralistischen Gesellschaft, Freiburg [2]1994, 29–62; JRGS 4, 696–717.

Bereitung zum priesterlichen Dienst, in: Ein neues Lied für den Herrn. Christusglaube und Liturgie in der Gegenwart, Freiburg 1995; JRGS 12, 432–450.

Im Anfang schuf Gott. Konsequenzen des Schöpfungsglaubens, Einsiedeln 1996.

Aus meinem Leben. Erinnerungen (1927–1982), München 1998.

Glaube und Theologie, in: Weggemeinschaft des Glaubens. Kirche als Communio – Festgabe zum 75. Geburtstag, Augsburg 2002, 15–25.

Der Heilige Geist als Communio, in: Weggemeinschaft des Glaubens. Kirche als Communio – Festgabe zum 75. Geburtstag, Augsburg 2002, 34–53.

Communio: Eucharistie – Gemeinschaft – Sendung, in: Weggemeinschaft des Glaubens. Kirche als Communio – Festgabe zum 75. Geburtstag, Augsburg 2002, 53–78; JRGS 8, 308–332.

Die Kirche an der Schwelle des 3. Jahrtausends, in: Weggemeinschaft des Glaubens. Kirche als Communio – Festgabe zum 75. Geburtstag, Augsburg 2002, 248–260; JRGS 8, 1243–1254.

Glaube zwischen Vernunft und Gefühl, in: Glaube, Wahrheit, Toleranz. Das Christentum und die Weltreligionen, Freiburg [2]2003, 112–130.

Das Christentum – die wahre Religion?, in: Glaube, Wahrheit, Toleranz. Das Christentum und die Weltreligionen, Freiburg [2]2003, 131–147.

Glaube, Wahrheit und Kultur – Reflexionen im Anschluss an die Enzyklika Fides et ratio, in: Glaube, Wahrheit, Toleranz. Das Christentum und die Weltreligionen, Freiburg [2]2003, 148–169.

Die in den 1990er Jahren aufgebrochenen neuen Fragen – Zur Lage von Glaube und Theologie heute, in: Glaube, Wahrheit, Toleranz. Das Christentum und die Weltreligionen, Freiburg [2]2003, 93–111.

Freiheit und Wahrheit, in: Glaube, Wahrheit, Toleranz. Das Christentum und die Weltreligionen, Freiburg [2]2003, 187–208.

Zwischenspiel, in: Glaube, Wahrheit, Toleranz. Das Christentum und die Weltreligionen, Freiburg [2]2003, 38–45.

Gottes Glanz in unserer Zeit. Meditationen zum Kirchenjahr, Freiburg 2005.

Berührt vom Unsichtbaren. Ein Jahreslesebuch, herausgegeben von Ludger Hohn-Merisch, Freiburg 2005.

Salz der Erde/Gott und die Welt. Gespräche mit Peter Seewald, München 2006.

Jesus von Nazareth. Erster Teil. Von der Taufe im Jordan bis zur Verklärung, Freiburg 2007; JRGS 6, 129–413.

Licht der Welt. Der Papst, die Kirche und die Zeichen der Zeit – ein Gespräch mit Peter Seewald, Freiburg [3]2010.

Jesus von Nazareth. Zweiter Teil. Vom Einzug in Jerusalem bis zur Auferstehung, Freiburg 2011; JRGS 6, 417–635.

Weitere Primärquellen

Aristoteles, *Philosophische Schriften*, Bd. 3: *Nikomachische Ethik*, übersetzt von Eugen Rolfes, bearbeitet von Günther Bien, Hamburg 1995.

Aristoteles, *Philosophische Schriften*, Bd. 4: *Politik*, übersetzt von Eugen Rolfes, Hamburg 1995.

Aristoteles, *Philosophische Schriften*, Bd. 6: *Über die Seele*, übersetzt von Willy Theiler, bearbeitet von Horst Seidl, Hamburg 1995.

Augustinus, Aurelius, *Der Gottesstaat – De civitate Dei*, Bd. 1: *Buch I-XVI*, übersetzt von Carl Johann Perl, Paderborn 1979.

Augustinus, Aurelius, *De libero arbitrio – Der freie Wille*, herausgegeben und übersetzt von Johannes Brachtendorf, Paderborn 2006.

Agustín de Hipona, *Obras de San Agustín*, Vol. X: *Homilías*, Madrid 1952.

Ignatius von Loyola, *Geistliche Übungen*, übersetzt von Peter Knauer SJ, Würzburg 1998.

Platon, *Sämtliche Werke*, Bd. 4: *Phaidros – Theaitetos,* Griechisch und Deutsch, herausgegeben von Karlheinz Hülser, Frankfurt/Leipzig 1991.

Thomas de Aquino, *Opera omnia*, Tom. XLVII: *Sententia libri Ethicorum*, Vol. II: *Libri IV–X – Indices*, Romae ad Sanct. Sabinae 1969.

Thomas von Aquin, *Summa Theologica (Deutsche Thomas-Ausgabe)*, herausgegeben vom Katholischen Akademikerverband, Salzburg 1933–1961.

Thomas von Aquin, *De Veritate – Untersuchungen über die Wahrheit*, übersetzt von Edith Stein, Bd. 2: *Quaestio 14–29*, Louvain Nauwelaerts und Freiburg 1955.

Sekundärliteratur

Blanco, Pedro, *Joseph Ratzinger: Razón y cristianismo – La victoria de la inteligencia en el mundo de las religiones*, Madrid 2005.

Gethmann, Carl F., *Intentionalität*, in: EPhW 2, 259–264.

Heibl, Franz-Xaver, *Theologische Denker als Mitarbeiter der Wahrheit – Romano Guardini und Papst Benedikt XVI.*, in: MIPB 1 (2008) 59–88.

Kempis, Stefan von, *Benedikt XVI.: Das Lexikon – Von Ablass bis Zölibat*, Leipzig 2007.

Koch, Kurt, *In Liebe erlöste Freiheit. Glaube und Freiheit in der Sicht von Papst Benedikt XVI.*, in: ders., Das Geheimnis des Senfkorns. Grundzüge des theologischen Denkens von Papst Benedikt XVI. (= RaSt 3), Regensburg 2010, 69–97.

Lorenz, Kuno, *Individuation*, in: EPhW 2, 227–229.

Pfnür, Vinzenz/Schülerkreis Joseph Ratzinger (Hg.), *Joseph Ratzinger/Papst Benedikt XVI.: Das Werk – Veröffentlichungen bis zur Papstwahl. Bibliografische Hilfsmittel zur Erschließung des literarisch-theologischen Werkes von Joseph Ratzinger bis zur Papstwahl*, Augsburg 2009.

Striet, Magnus, *Joseph Ratzinger/Benedikt XVI. und die Moderne*, in: Peter Hünermann (Hg.), Exkommunikation oder Kommunikation? Der Weg der Kirche nach dem II. Vatikanum und die Pius-Brüder, Freiburg 2009, 175–205.

Yepes, Ricardo/Aranguren, Javier, *Fundamentos de antropología: Un ideal de la excelencia humana*, Pamplona [3]1998.

Zucal, Silvano, *Ratzinger e Guardini, un incontro decisivo*, in: VP 91 (4/2008) 79–88.